W0075207

Eva-Maria Götz
Gesine Wolf

Siam & Co.

Orientalische Katzen

62 Farbfotos
24 Zeichnungen

Ulmer

Inhaltsverzeichnis

Vorwort

Es war einmal ein kleines Mädchen, dem sein Vater manchmal von seiner Jugend im Berlin der dreißiger Jahre erzählte. Ein Kater, ein ganz besonderer – mit blauen Augen! – kam immer wieder in diesen Erzählungen vor. Er lebte, adäquat umgeben von edlen Gegenständen, in einem Antiquitätengeschäft, das zugleich die Wohnung eines Freundes des Vaters war. Der Name dieses edlen Tieres lautete Ali von Czaja. Ali war völlig anders als die normalen Berliner Katzen, die zu Hause im Metzgergeschäft auftauchten und irgendwann wieder verschwanden – nicht zuletzt wegen Tell, der riesigen Metzgersdogge.

Ali war nicht nur anders, weil er blaue Augen hatte – und die auch nur für seinen Herrn. Er hatte eben einen Herrn, ein eigenes festes Zuhause und sogar einen eigenen Sessel, von dem ihn nicht einmal sein Herr wegjagte, obwohl er diesen Ohrensessel genauso liebte wie Ali. Hatte einmal ein Gast das Glück, den Sessel vor ihm zu ergattern, zog sich Ali auf seinen zweitliebsten Platz hoch oben auf dem alten Schrank zurück. Von dort hatte er den Überblick über die zweibeinigen Gäste, die in sein Reich gekommen waren.

Fast dreißig Jahre nach den Erzählungen von Ali kam Clea – ein Siamkatzenbaby mit leuchtend blauen Augen – zu der inzwischen längst erwachsenen Tochter...

Siamkatzen bestechen durch ihre blauen Augen und die auffallende Färbung, Maskenzeichnung genannt.

Ihre Verwandten ohne die typische Maskenzeichnung, dafür aber mit smaragdgrünen Augen, sind die Orientalisch Kurzhaar. Durch die über den ganzen Körper gleichmäßig verteilte Färbung erinnern die Orientalisch Kurzhaar noch mehr an einen Panther als die Siamkatzen. Besondere Eleganz strahlen die halblanghaarigen Pendants aus, die als Javanesen oder Mandarins bezeichnet werden. Sie sind vom Wesen her ebenso präsent, anhänglich, durchsetzungsfähig, erfinderisch, aber eben mit einem weich fallenden längeren Fell.

In ihrem Buch „The Tribe of Tiger" schreibt Elizabeth Marshall Thomas: „der Hund kommt, wenn man ihn ruft – die Katze antwortet". Die orientalische allerdings Katze antwortet **und** kommt! Diese Katzen sind mehr als alle anderen Katzenrassen Partner „ihrer" Menschen: vom Verhalten her eher hundeähnlich, redselig mit rauher Stimme, wild verspielt und immer dort zur Stelle, wo etwas los ist. Sie haben untereinander sehr ausgeprägte Gruppenstrukturen mit viel mehr Körperkontakt als dies unter Katzen üblich ist. Sie sind deshalb nicht für jedermann geeignet. Hat man diese Katzen allerdings einmal ins Herz geschlossen hat, wird man sich kaum mehr für eine andere Rasse entscheiden.

Wer sich für eine orientalische Katze interessiert, sollte sich sehr genau informieren. Dieses Buch soll dabei behilflich sein. Die Autorinnen, beide seit vielen Jahren Liebhaberinnen und Züchterinnen orientalischer Katzen, stellen sie ihnen in diesem Buch vor, zusammen mit vielen Hinweisen, Tips und Ratschlägen aus ihrem reichen Erfahrungsschatz mit den außergewöhnlichen Tieren.

Gerade bei den orientalischen Katzenrassen – mehr als bei allen anderen – muss sich der zukünftige Besitzer zuerst einige Fragen stellen:

- Eignet sich die Rasse für mich?
- Kann ich den besonderen Ansprüchen der orientalischen Katzen gerecht werden?
- Was kommt auf mich zu, wenn ich mich entscheide, Ausstellungen zu besuchen oder zu züchten?
- Welches Wissen in Genetik und Gesundheitsvorsorge muss ich mir als Züchter aneignen und welche Bedingungen muss ich schaffen?

Haustiere aller Art sind gefragt in unserer hektischen und anonymen Gesellschaft. Sie geben uns Menschen durch ihre Nähe etwas von der verlorengegangenen Natur zurück. Als Therapietiere sind Haustiere sogar in der Lage, desorientierte Menschen aus innerer Isolation zu befreien.

Schon im alten Ägypten lebten Katzen in der Gesellschaft von Menschen.

Leider steht jedoch oft das Geschäft mit den Tieren in keiner Relation zu der Tatsache, dass Tiere empfindungsfähige Lebewesen sind, die ihre eigenen Bedürfnisse haben. Die Grenze zwischen verantwortungsvoller Haltung und Tierquälerei wird rasch überschritten, besonders, wenn es ums Geld geht. Die Heimtierhaltung, Heimtierzucht und alles, was wirtschaftlich damit zusammenhängt, boomt wie noch nie. Katzen sind als Hausgenossen weit beliebter als Hunde. Entsprechend viele Katzenzüchter gibt es. Das Kapitel, Kauf einer Rassekatze, beschäftigt sich aus diesem Grund intensiv mit der Frage, wie man den richtigen Züchter findet – den Züchter, der trotz allem Ehrgeiz und der Freude am Erfolg seiner Katzen respektvoll mit seinen Tieren umgeht.

Stuttgart und Ingelheim, im Frühjahr 1999   Dr. Eva-Maria Götz
Gesine Wolf

5

Die Rassen

Rechte Seite: Das Blue-Point-Balinesen-baby zeigt noch wenig von seiner späteren Maskenfärbung.

Wann ist eine Katze eine Rassekatze?

In jedem von Menschen bewohnten Gebiet der Erde gibt es Katzen, die sich in der menschlichen Nähe aufhalten. Hauskatzen, um deren Fortbestand man sich nicht kümmert, sie also nicht züchtet, sie höchstens bei der Aufzucht ihrer Jungen unterstützt, indem man Futter bereithält, behalten ihren Typus und die Anpassungsfähigkeit an ihren Lebensraum durch natürliche Selektion bei. So hat jede Gegend mehr oder weniger ihren eigenen Katzentypus – schlanker in den wärmeren Ländern, gedrungener in kalten Klimagebieten und Mischtypen in Gebieten, wo Rassekatzen Gelegenheit haben, sich mit den ansässigen Hauskatzen zu paaren.

Die gezielte Zucht von Katzen begann erst, als man merkte, dass die Hauskatzen der Welt je nach Ursprungsgebiet recht unterschiedlich aussahen. Man fand daran Gefallen, eine außergewöhnliche Katze zu besitzen. Im alten Ägypten oder in Thailand wurden Katzen schon seit langer Zeit als Gottheiten verehrt. In Thailand, dem damaligen Siam, galten sie als Beschützerinnen der Tempel. Im Vergleich zur heutigen Siamkatze, die durch zielgerichtete Zucht ihr Aussehen mit dem Zeitgeschmack inzwischen stark veränderte, ist die ursprüngliche Siamkatze nicht so extrem feingliedrig, das Blau der Augen nicht ganz so intensiv, Knickschwanz und Silberblick sind aber praktisch immer vorhanden. Das hundeähnliche Wesen jedoch, die extreme Menschenbezogenheit und Intelligenz, die diese Katze von allen anderen Rassen abhebt, hat sie nie verloren. Die Siamkatze nimmt nach wie vor ihren besonderen Platz unter den vielen anderen Katzenrassen ein, und sie hat ihre ganz speziellen Liebhaber.

Wenn man sich eine Siamkatze kaufen möchte, wird man in den Tageszeitungen häufig Angebote von Siamkätzchen oder anderen Rassekatzen – mit oder ohne Papieren finden. Kätzchen ohne Papiere werden für wenig Geld, ohne die erforderlichen Impfungen und natürlich ohne Abstammungsnachweis verkauft. Wer ahnungslos ein solches Tierchen erwirbt, kann eine herbe Enttäuschung erleben. Die Zusiche-

F.I.Fe.-STAMMBAUM 1. DEKZV e.V.
Älteste Organisation und Zuchtbuchführung für Rassekatzen in Deutschland (seit 1922) Einziges deutsches Mitglied der F.I.Fe.

FEDERATION INTERNATIONALE FELINE

Eintragungen in diesem Stammbaum dürfen **nur** durch das Zuchtbuchamt vorgenommen werden.

Name:	Sebastian-Solo [GCCF]	Eingetr. ZB-Nr.: 109148
Geworfen:	11.Maerz.1984	Farbe: kastanienbraun 29	D. Halliday 051898
Geschlecht:	maennlich	Rasse: Havana	Züchter:
		Wohnung: Ireland

Eltern	Großeltern		Urgroßeltern		Ururgroßeltern	
Vater Ch.Int. Caliganza	Ch. Kohinoor Tao	070727	Ch. Swaan Kiku	070731 24	Ch. Siepoo Storm Karawong Chewyn	24 24
Farbe Kasmin	Farbe seal-point 24		Baranduin Salvia	070732 24	Ch. Boidheach Macgille Entrechat Hermoine	24b 32SP
Farbe choc.tabbypoint 32ChP	Pendlemist Tzu Shai	106507	Gr.Ch. Seadog Pacal	051432 24	Seadog Ajax Sislinki Twiggs	24 24
ZB-Nr. 106508	Farbe seal-tabbypoint 32SP		Ch. Muchloved Myree	051433 32ChP	Samsara Bandit Muchloved Pink Panther	24 32LP
Mutter Saralou	Ch. Foxtwist Ashiq	106509	Ch. Boidheach Macgille	002173 24b	Ch. Kirash Curry Linian Luang	24b 24
Farbe Felice	Farbe chocolate-point 24b		Ch. Foxtwist Bush Baby	002174 32ChP	Ch. Kirash Barley Doonawarah Minitam	24b 32ChP
Farbe schwarz(Ebony) 29sb	Gr.Ch. Saralou Fifi	106510	Gr.Ch. Seadean Fircone	109147 29	Gr.Ch. Caliganza Cascade Essayci Marguarita	24 29
ZB-Nr. 106511	Farbe schwarz(Ebony) 29sb		Bumblebees Bay Leaf	109145	Gr.Ch. Seadog Pacal Bumblebees Melissa	24 24c

Prämierungen auf Ausstellungen: (Vom Besitzer selbst einzutragen!)	
Best Foreign Kitten, Oct. 1984, Dublin, IRL	VA+CAC, BIS opp.sex, Augsburg, 1986, D
CC and BOB, Jan.85, Belfast, UK	VA+CAC, Reutlingen, 1986, D
CC and BOB, Oct. 1985, Dublin, IRL	VA+CAC, München, 1986, D } Champion
CC and BOB, Nov. 1985, Cork, IRL	V1+CACIB, Zürich, 1986, CH
	VA+CACIB, Bregenz, 1986, A
	VA+CACIB, Rassesieger, nominiert, schwäb. gmünd, 1987, D } Int. Ch.

Wiesbaden 04.02.86

Das Zuchtbuchamt

Erläuterungen zu Prämierungen: Ch. Int. = Internationaler Champion   Ch. = Champion   CACIB = Internationale Siegeranwartschaft   CAC = Siegeranwartschaft

▓ Abstammungsnachweis.

rung, dass das Kätzchen „reinrassig" sei und das vermeintlich „richtige Aussehen" ersetzen niemals das Dokument des Stammbaums! Besonders wenn Sie züchten wollen, sollten Sie Wert auf Papiere legen.

Nicht jede Katze, die nach ihrem mehr oder weniger standardtypischen Äußeren einer bestimmten Kategorie zugeordnet werden kann, ist eine Rassekatze. Im Nachhinein kann ein solches Dokument nicht mehr erstellt werden. Um Ahnentafeln für seine Jungtiere zu erhalten, muss sich der Züchter strengen Auflagen unterwerfen, die tierschützerische und zuchtspezifische Aspekte berücksichtigen.

> Eine Rassekatze ist eine Katze, die einen von einem eingetragenen Zuchtverein ausgestellten **Abstammungsnachweis** hat. Diese Ahnentafel wird auch als **Stammbaum** oder Pedigree bezeichnet.

Jede Katze ohne belegbaren Stammbaum gilt als ein Tier unbekannter Herkunft. Seine genaue Abstammung kann nachträglich nicht mehr ermittelt werden, denn die Ahnentafel stellt einen Zuchtbuchauszug im Sinne einer Urkunde dar.

Mit Katzen ohne Ahnentafel sollte nicht gezüchtet werden, auch die Teilnahme an Ausstellungen unterliegt starken Einschränkungen. Da Zucht und Aufzucht solcher Kätzchen keinerlei Kontrolle unterworfen ist, ist die Wahrscheinlichkeit, gerade mit den feinfühligen orientalischen Katzen wesensmäßig oder gesundheitlich Schiffbruch zu erleiden, größer, als wenn man sein Jungtier bei einem seriösen, eingetragenen Züchter erwirbt. Auf alle Fälle sollten Sie sich niemals spontan zu einem vielleicht unüberlegten Kauf hinreißen lassen!

Die Schlankformkatzen

Die Siamkatze und alle durch gezielte Zucht daraus entstandenen Abkömmlinge unterscheiden sich durch ihren schlanken, grazilen Körperbau grundsätzlich von den anderen Katzenrassen. Ihr Ursprung liegt in Südostasien. Der Grund, warum sich der schlanke Körperbau dort über lange Zeiträume so speziell entwickelt hat, liegt größtenteils im Dunkeln. Die geographische Verteilung des Knickschwanzes, einer erblichen Unregelmäßigkeit in der Schwanzwirbelsäule bei Katzen, gibt Hinweise. Lange Zeit war der Knickschwanz das typische Merkmal der Siamkatze neben der blauen Augenfarbe. Heute noch besitzen etwa zwei Drittel der Straßenkatzen Ostasiens diesen Knickschwanz. Man nimmt an, dass Schiffskatzen arabischer und indischer Seefahrer an die Spitze der Malayischen Halbinsel gelangten. Der berühmte Naturforscher Darwin studierte die Katzen mit Knickschwanz bereits Mitte des

Als klassische Siam bezeichnet man die etwas gedrungeneren Vertreter der Rasse.

9

Ausstellungsstandard (FIFe) der Orientalischen Katzen
(Siamkatzen, Orientalisch Kurzhaar, Balinesen und Mandarin (Javanesen) haben denselben Standard)

Allgemein	Gesamteindruck	Die ideale Katze ist schlank, elegant, mit langen, sich verjüngenden Linien, geschmeidig und gut bemuskelt.	
	Größe	mittelgroß	
Kopf	Form	Mittlere Größe, in Proportion zum Körper, gut ausgewogen, keilförmig mit geraden Linien. Der Keil fängt an der Nase an und verbreitert sich allmählich auf beiden Seiten in geraden Linien bis zu den Ohren. Es sollte kein „whisker break" in diesen beiden Linien sein. Der Schädel ist leicht konvex (im Profil).	
	Nase	lang und gerade, die Linie von der Stirn ohne jeden „break" verlängernd	
	Schnauze	schmal	
	Kinn/Kiefer	Von mittlerer Größe. Die Spitze des Kinns bildet eine vertikale Linie mit der Nasenspitze.	
Ohren	Form	groß und zugespitzt, breit an der Basis	
	Plazierung	verlängern die Linien des Keils	
Augen	Form	von mittlerer Größe, weder hervorstehend noch tiefliegend	
	Farbe	**Siamese /Balinese**	**Orientale/Javanese**
		rein und klar, leuchtend intensives Blau. Foreign White müsssen lebhafte blaue Augen haben.	lebhaft, leuchtendes Grün
Hals		lang und schlank	
Körper	Struktur	Lang und schlank, gut bemuskelt, jedoch graziös und elegant. Die Schultern nicht breiter als die Hüften.	
Beine		lang und fein, in Proportion zum Körper	
	Pfoten	klein und oval	
Schwanz		sehr lang, dünn, auch am Ansatz, zu einer feinen Spitze zulaufend	
Fell	Struktur	**Siamese/Orientale**	**Balinese/Javanese**
		sehr kurz, fein, glänzend, seidig und eng am Körper anliegend	fein und seidig, mittellang am Körper, etwas länger an der Halskrause, an den Schultern und am Schwanz, der die Form eines Federbusches hat. Kein wolliges Unterfell.
	Farbe	**Siamese/Balinese**	**Orientale/Javanese**
		Points: Maske im Gesicht, Abzeichen an Ohren, Beinen und Schwan.z Die Farbe der Abzeichen soll möglichst einheitlich sein. Die Maske darf nicht auf den Schädel hinauf verlaufen, sie ist durch Farbspuren mit der Farbe der Ohren verbunden. *Körperfarbe:* gleichmäßig, leichte Schattierung auf den Flanken erlaubt, aber es muss ein klarer Kontrast zwischen den Abzeichen und der Farbe des Körpers sein.	Gleichmäßig in der Farbe, ohne Tabby-Markierungen oder Schattierungen bei Non-Agouti-Varietäten. Schnurrhaare und Augenbrauen mit der Körperfarbe harmonierend.

Ausstellungsstandard (FIFe) der Orientalischen Katzen (Siamkatzen, Orientalisch Kurzhaar, Balinesen und Mandarin (Javanesen) haben denselben Standard)		
Anmerkungen	**Siamese/Balinese** • Leichte Schattierungen am Körper, mit der Farbe der Abzeichen harmonierend, sind erlaubt. • Dunklere Körperfarbe bei älteren Katzen ist erlaubt.	
Fehler	**Siamese/ Balinese** • Flecken am Bauch und an den Flanken • Stichelhaare oder getickte Haare (brindling) in den Abzeichen • Streifen und Ringe in den Abzeichen, ausgenommen bei den Tabby Points	**Orientale/Javanese** Tabby-Markierungen bei den Non-Agouti-Varietäten
Fehler, die das Zertifikat ausschließen	Fell Augen	**Siamese/Balinese** ungenügender Kontrast zwischen den Points und der Körperfarbe **Orientale/Javanese** mehr gelbe als grüne Augenfarbe	
Disqualifikation	Augen Fell	**Siamese/Balinese** jede andere Augenfarbe als Blau **Siamese/Balinese** weiße Flecken und weiße Zehen	**Orientale/Javanese** weiße Flecken

letzten Jahrhunderts und berichtete darüber. Diese Seefahrerkatzen hatten ihren Ursprung hauptsächlich im mediterranen und kleinasiatischen, klimatisch warmen Raum. Man kann auch heute noch sehen, dass die Hauskatzen dort wesentlich graziler sind und spitzere, feinere Köpfe mit größeren Ohren haben. Einige wenige der Seefahrerkatzen wiesen wahrscheinlich die genetisch bedingte Schwanzdeformation auf. Durch den Vererbungsmechanismus, der vermutlich durch das Zusammenwirken vieler Gene bedingt ist, verbreitete sich der Knickschwanz zusammen mit der dem warmen Klima angepassten Schlankform über den gesamten asiatischen Raum. Schlanke Form bedeutet: große Köperoberfläche und damit besserer Temperaturausgleich mit der Umgebung sowie größere Beweglichkeit, Aktivität und Reaktionsfähigkeit. Die letzteren Eigenschaften bilden die Grundlage für die große Spielfreude, Neugier, Intelligenz und ständige Aufmerksamkeit der Siamkatze und ihrer Verwandten. Wir lieben genau das an ihr, aber manchmal kann sie uns auch ganz schön auf die Nerven gehen. Es ist einfach nicht möglich, sich diesen Katzen zu entziehen – genau darin liegt ihre Faszination!

Siamkatze

Herkunft

Rechte Seite:
Seidiges Fell, Eleganz
und Grazie zeichnen die
Siamkatze aus.

Die Siamkatze zählt zu den ältesten bekannten Rassekatzen überhaupt. Erste Hinweise datieren bereits aus dem 14. Jahrhundert unserer Zeitrechnung. Wie der Name erahnen lässt, stammt die Rasse aus dem alten Siam, dem heutigen Thailand, wo sie ein wertvolles, geschätztes Tier der Oberschicht war.

Nach Europa gelangten diese Katzen relativ spät. 1871 kamen erste Exemplare der blauäugigen Schönheiten nach England und sorgten dort für großes Aufsehen. Ab etwa 1890 wurden die Siamesen in unseren Breitengraden gezüchtet. Anfangs gedieh die Zucht sehr schlecht, weil man die Katzen falsch hielt und ernährte. Man fütterte sie mit in Milch

eingeweichtem Brot und sperrte sie in eine Art gläsernes Gewächshaus wie exotische Pflanzen. Viele Tiere wurden krank und starben. Nur langsam setzte sich die Erkenntnis durch, dass auch Siamkatzen fleischhaltiges Futter und frische Luft brauchen.

Aus dieser Zeit stammt die sich hartnäckig haltende Geschichte von der „rundköpfigen, alten Original-Siam". Die ersten importierten Siamkatzen reiner Rasse waren zu keiner Zeit rundköpfig und plump, sie waren von ihrem Ursprung her schon immer Schlankformkatzen. Durch falsche Haltung im englischen Klima waren die ersten Zuchtergebnisse enttäuschend. Deshalb hatte man sehr schnell begonnen, Hauskatzen mit Siam zu kreuzen, um die Tiere stabiler und klimaangepasster zu machen. So erklärt sich, dass 1895, drei Jahre nach Erstellung des allerersten englischen Siamstandards, bereits

Ein munterer Wurf
von Siamjungtieren.

zwischen einem rundköpfigen und einem gestreckten, langköpfigen Typ (marten face = Mardergesicht) unterschieden wurde. Wo, wenn nicht von der importierten Schlankformkatze, konnte das Mardergesicht hergekommen sein? Von den britischen Hauskatzen jedenfalls nicht.

Die teilweise extrem typvollen Katzen unserer Zeit sind das Produkt einer gezielten Zuchtauswahl der schon damals festgelegten typischen Merkmale, allerdings bis ans äußerste Limit. Sicher nicht immer zum Nutzen der Katzen – in den USA beispielsweise brach die Zucht der Show-Siamesen um 1990 zusammen. Die bis ins Äußerste übertriebene Feingliedrigkeit, die die Liebhaber als den Gipfel der Schönheit ansahen, war den Katzen zum Verhängnis geworden.

Der englische überarbeitete Rassestandard von 1902 hat mit dem heutigen Rassestandard überraschend viele Übereinstimmungen.

Die außergewöhnliche Maskenzeichnung der Siamesen beruht auf einer von vielen Mutationen (Veränderung des Erbguts) in dem Erbfaktor, der für die Farbstoffbildung im Haar verantwortlich ist. Dieser Farbstoff (Melanin) wird dann entweder in geringerer Menge oder biochemisch verändert im Haar abgelagert. Die Maskenzeichnung gehört zu den Albinogenen. Sie bewirken, dass weniger oder überhaupt kein Farbstoff im Haar gebildet wird. Auch die Zeichnung der Burmesen zählt zu dieser Gruppe von Mutationen. Schwarzes Pigment zeigt sich dabei nicht schwarz, sondern sepiabraun. Es wird nur an den kühleren Körperregionen gebildet: im Gesicht, an der Ohrrückseite, am Schwanz und an den Pfoten und etwas entlang der Beine. Siamkatzen werden weiß geboren; erst wenn die Körperteile der kühleren Umgebungstemperatur ausgesetzt sind, bildet sich das Pigment und wird in die neuen Haare eingelagert. Die blauen Augen sind ein Resultat des mit dem Albinofaktor einhergehenden Pigmentmangels. Wann und wo diese Mutation entstanden ist, ist wissenschaftlich nicht geklärt. Dieselbe temperaturabhängige Farbverteilung heißt bei Kaninchen „Himalayafaktor". Man kann darüber spekulieren, ob Asien, die Heimat der Siamkatzen, auch der Ursprungsort dieser Mutation irgendwann während der Evolution war. Die Temperatursensitivität des Gens wurde allerdings schon 1930 wissenschaftlich bewiesen.

Charakter und Eigenschaften

Wie alle Katzen des orientalischen Typs ist die Siamkatze sehr lebhaft und unglaublich anhänglich. Sie möchte ständig Körperkontakt haben, liebt es, ausgiebig zu schmusen, und sie schätzt es sogar, wie ein Hund geklopft zu werden. In vielen Dingen ist sie einem Hund ähnlicher als

einer Katze. Nicht nur ihre sprichwörtliche Leinen-
führigkeit gehört dazu, sie ist auch praktisch immer
gut gelaunt und um die Aufmerksamkeit ihres Menschen bemüht, manchmal bis zur Euphorie. Ver-
schlossene und bedrückte Menschen kann dies auf-
muntern, sie können sich aber auch durch soviel
Lebensfreude und Aufdringlichkeit belästigt fühlen.
Dann ist die Siamkatze nicht das richtige Haustier.

Das typische Wesen der Siamkatzen zeigt sich am
ausgeprägtesten, wenn die Mädels rollig und die
Kater auf Freiersfüßen unterwegs sind. Dann sind sie
noch gesprächiger als sonst, auch wesentlich lauter,
sie rufen und „bellen" fast nach einem kätzischen
Liebespartner. Sie beehren manchmal auch ihre
Bezugspersonen mit dieser verstärkten Aufmerksamkeit. Nicht umsonst sagt man in England bei einer
rolligen Katze: „She is calling."

Siamkatzen sind direkt in ihren Wünschen und
Abneigungen und wie Hunde leicht zu durchschau-
en, weil sie ihre Gefühle niemals verbergen können.
Sie sind hochintelligent und kommunikativ, scho-
nungslos extrovertiert mit einem Hang zu Naivität,

erfinderisch und von endloser Geduld im Spiel, sofern sich ihr Mensch
nicht mit etwas anderem beschäftigt – Siamkatzen eben!

Auch das Verhalten mehrerer Siamesen untereinander, die in einem
Haushalt leben, ist etwas Besonderes. Nur orientalische Katzen zeigen
ein so eng verwobenes Verhältnis der Gruppenmitglieder zueinander.
Ähnlich wie beim Löwenrudel gehören gegenseitige Körperpflege,
Fangspiele und Balgereien, gemeinsame Jagd, vor allem aber enges
Aneinanderkuscheln zum täglichen Programm. Das friedlichste Bild in
der Wohnung ist eine schlafende Gruppe von Siamesen und Orienta-
len: ein einziges großes Fell mit vielen Köpfchen und Pfoten.

Zur Besonderheit ihres Wesens kommt das außergewöhnliche Aussehen der Siamkatzen. Als Jungtiere ganz weiß geboren, entwickelt
sich ihre endgültige Färbung langsam bis zu dritten Lebensjahr. In
warmer Umgebung bleiben Siamkatzen heller, nach Verletzungen
wächst das Haar zuerst dunkel nach und gleicht sich dann wieder an.
Der Farbkontrast zwischen dem hellen Körperfell und den dunkleren
Points bleibt mehr oder weniger stark das ganze Leben erhalten.
Ebenso die blauen Augen, die jedem Blick standhalten und unwider-
stehlich alle Aufmerksamkeit auf sich ziehen können, gepaart mit der
Eleganz ihrer schlanken Figur, ihrem lebhaften Wesen und ihrem fei-
nen, seidigen Fell.

Schon die Katzen-
babys sind anschmiegsam
und menschenbezogen.

15

Orientalisch Kurzhaar

Herkunft

Rechte Seite: Selbstbewusst und schön: blaue Orientalisch-Kurzhaar-Kätzin.

Bereits aus den Anfängen der Siamzuchtgeschichte sind auch einfarbige Siamkatzen, die ersten „Orientalisch Kurzhaar", bekannt. Einfarbig braune und blaue Tiere mit grünen Augen wurden mehrfach beschrieben. Neben den spektakulär gefärbten Siam traten die einfarbigen aber rasch in den Hintergrund. Sie sahen nicht exotisch genug aus. Bis in die fünfziger Jahre unseres Jahrhunderts geriet die einfarbige Siamkatze in Vergessenheit. Dann fanden englische Züchter Gefallen an der Idee einer einfarbigen Siamkatze und kreuzten Siamkatzen mit Hauskatzen. Sie erhielten schließlich als Resultat eine zigarrenbraune, schlanke Kurzhaarkatze, die „Havana". Durch gezielte Zucht wurde die Farbpalette rasch erweitert: schwarze, blaue, lavendelfarbene und rote Tiere mit grünen Augen und schließlich blauäugige, weiße

Katzen waren das Ergebnis der neuen Züchterleidenschaft. Auch in den USA wurde man aktiv und züchtete dort Orientalisch-Kurzhaar-Katzen von perfekter Grazie und extrem filigranem Siamtyp. Heute gibt es alle denkbaren Farbschläge, samt Tupfen, Streifen und Silber, dass jeder noch so ausgefallene Geschmack das Gewünschte finden kann.

Die Korkröhre lädt den jungen Cinnamon-Orientalen zum Spielen und Verstecken ein.

Charakter und Eigenschaften

Die Orientalisch Kurzhaar ist im Wesen der Siamkatze ähnlich – vielleicht etwas sanfter, nicht ganz so aufdringlich und leidenschaftlich. Sie ist ebenfalls von heiterer Wesensart, immer gern am Ball, ein absolutes Temperamentsbündel – also keine Katze für beschauliche, ruhige Menschen! Ihre Stimmgewalt und Redseligkeit ist so beeindruckend wie die der Siam. Hat der Halter mehrere Tiere, so kann er sie an der Stimme unterscheiden. Wie Siamkatzen lieben Orientalen Geselligkeit im Spiel und Körperkontakt zum Besitzer und zu den Artgenossen. Trotzdem haben sie als Katzen ihre Geschicklichkeit und ihren Jagdeifer nicht verloren. Eine Maus zu jagen, wenn Gelegenheit dazu besteht und nach Katzenart mit ihr zu spielen, ist für sie das größte Vergnügen, wenn auch nicht für uns.

> Der echte Liebhaber schätzt seine Katze gerade wegen ihrer individuell einzigartigen Ausdrucksfähigkeit.

Balinese

Herkunft

Schon früh traten in Würfen von Siamkatzen immer wieder Kätzchen auf, die länger behaart waren. Die erste derartige Katze wurde auf einer Ausstellung 1928 offiziell als Langhaar-Siamese vorgestellt. Sie stammte nicht aus einer Mischlingspaarung, sondern hatte nachweislich reine Siamvorfahren. Zu Anfang wurden solche Kätzchen als „nicht standardgemäß" belächelt, ihr Auftreten in Würfen wurde vertuscht oder verleugnet. Erst 1940 wagte eine Gruppe von Züchtern den Versuch, sich dieser Mutation zu widmen. Die Zuchtbasis wurde in den USA gelegt, und bis heute kreuzt man besonders schöne Tiere aus dem Herkunftsland ein, um den Typ zu festigen. Der Name „Balinese" weist nicht auf die Herkunft dieser Katze – er wurde von den ersten Züchtern gewählt, weil die schlanken, eleganten Tiere mit ihrem federfeinen längeren Haar an balinesische Tempeltänzerinnen erinnern. Man wollte diese Katzen begriffsmäßig von den Siam unterscheiden, wohl aber ihren asiatischen Ursprung im Namen beibehalten. Nach und nach erkannten alle Katzenzüchter-Dachorganisationen die Balinesen als eigenständige Rasse an.

■ Linke Seite: Blue-Tabby-Point-Balinese – eine wunderschöne Katze mit seidigem Fell.

Charakter und Eigenschaften

Die Balinesin ist die perfekte Katze für Menschen, die eine vom Typ her „gemäßigte" Siam lieben. Sie wirkt durch das seidige, nicht filzende Fell in der Figur und den Konturen abgerundeter und weniger markant als die stromlinienförmige Siam mit ihrem kurzen, enganliegenden Fell, das die drahtige Figur eher unterstreicht. Sie ist in der Stimme zarter, auch im Wesen nicht ganz so aufdringlich und überspannt. Ihre Streicheleinheiten fordert sie dezent, kuschelt sich gern so nebenbei an, ist gesellig und verspielt, doch ohne die manchmal fast lästige Hingabe der Siamesen. Sie ist wie alle Orientalen am liebsten immer am Ort des Geschehens, sei es in der Küche auf dem Fenstersims oder auf dem Schoß des Besitzers, der gerade Zeitung liest.

> Wie alle orientalischen Katzen ist die Balinesin eine echte Familienkatze, die mit Kindern, Katzen und anderen Haustieren wunderbar zurecht kommt.

Orientalische Katzenmütter ziehen ihre Jungen mit Hingabe groß, Balinesen machen darin keine Ausnahme. Haben zwei Katzenmütter zur gleichen Zeit Babys, werden alle zusammen in der Großfamilie aufgezogen. Oft hilft der Katzenpapa beim Putzen der Jungen mit und spielt geduldig mit ihnen.

19

Javanese oder Mandarin

Herkunft

Die Mandarin, auch Orientalisch Langhaar oder Javanese genannt, ist das noch junge Ergebnis gezielter Zucht. Ende der siebziger, Anfang der achtziger Jahre wurde diese schöne Variante der Balinesenkatzen in Europa gezüchtet, indem man Balinesen mit Orientalisch Kurzhaar kreuzte. Man hatte mit recht typvollen Tieren angefangen und erreichte das Zuchtziel schnell: eine einfarbige Balikatze.

Wie bei den Orientalisch Kurzhaar ist das Farbenspektrum atemberaubend. Das lange Haar verleiht manchen Farbschlägen noch einen zusätzlichen interessanten Effekt.

Man sollte jedoch die Stammbäume aufmerksam studieren, denn in einigen Linien wurden anfangs Türkisch-Angora-Katzen eingekreuzt. Für die Fellbeschaffenheit war dies möglicherweise sinnvoll, nicht jedoch für das ganz besondere Wesen der orientalischen Katzen. Nur über viele Generationen lässt es sich wieder so stabilisieren, wie es den Siam und Orientalen eigen ist. Wer sich für eine Mandarin als Hausgenossen interessiert, sollte, um keine Überraschungen zu erleben, ein

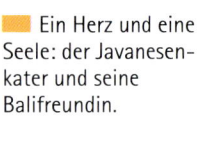 Ein Herz und eine Seele: der Javanesenkater und seine Balifreundin.

Tier wählen, dessen Stammbaum nur Siam, Orientalen, Mandarins und Balinesen aufweist.

Charakter und Eigenschaften

Die Mandarin besticht durch ihr traumhaft weiches Fell, und sie ist ein unglaublich charmantes und fröhliches Geschöpf. Sie wirkt nicht so geschniegelt und aufgeräumt wie die Orientalen, auch ihre Bewegungen sind etwas weicher. Oft wirft sie sich ganz locker vor ihrem Menschen auf den Boden, lässt sich völlig entspannt auf dem Arm tragen. Wenn man sie bürstet, ist das für sie ein Hochgenuss, und sie scheint sich dabei immer ihrer Schönheit bewusst zu sein. Wie die Balinesin hat sie eine etwas gemäßigtere Stimmlage als die Siam. Sie ist selbstbewusst, manchmal ein wenig eigensinnig und dickköpfig. Gerne beschäftigt sie sich selbst lebhaft und ausdauernd im Spiel, ihr Ideenreichtum zeigt sich im Erfinden von immer wieder neuen Spielen. Wie alle Orientalen ist die Mandarin sehr gesellig und somit für Menschen geeignet, die eine eigenständige, anhängliche Katze wünschen, denen aber die Siam zu anstrengend ist.

Besonders apart schimmert das Fell der Black-Smoke-Javanesin.

Kauf einer Rassekatze

Der Züchter

▨ Rechte Seite:
Lavender heißt die zarte
Farbe dieses orientali-
schen Katzenkindes.

Katzen – egal, welcher Rasse – sollte man ausschließlich bei einem Züchter erwerben, der Mitglied eines eingetragenen Zuchtvereines ist und einen registrierten Zwingernamen besitzt. Damit hat er sich verpflichtet, seine Katzenzucht nach den Regeln und Vorgaben des Vereines zu führen, und akzeptiert die damit verbundene Kontrolle. Er wird nur geimpfte Kätzchen mit einer authentischen Ahnentafel abgeben – Zucht- und Ausstellungstiere, aber auch Liebhabertiere, die kleine Schönheitsfehler im Sinne des Rassestandards haben.

Alle Katzen, die seiner Zucht entstammen, tragen den **Zwingernamen,** sozusagen als Familiennamen, und den **Rufnamen.** Diese und alle anderen Daten, wie Vorfahren mehrerer Generationen mit Ausstellungstiteln, Geburtsdatum, Wurfstärke, Farben und Haarlänge, sind in der Ahnentafel jedes Tieres sowie im Zuchtbuch des Vereines niedergelegt.

Ein verantwortungsvoller Züchter bietet keine preisgünstigen Mischlingskätzchen an, denn er weiß, dass genügend unerwünschte Kätzchen, auch Rassemischlinge, in den Tierheimen darauf warten, ein neues Zuhause zu finden. „Züchtern", die Kätzchen mit und ohne Stammbaum anzubieten haben, sollte man kein Vertrauen schenken.

TIPP
Auf Katzenausstellungen, in den entsprechenden Fachzeitschriften (siehe S. 94), und beim Züchter selbst erhält der Kaufinteressent detaillierte Information, die ihm hilft, sich ein Bild vom Wesen und Temperament seines Katzenfavoriten zu machen.

Information ist alles

Bitte stürzen Sie sich niemals Hals über Kopf in einen Katzenkauf, wenn Sie sich in eine der orientalischen Katzen verliebt haben! Schließlich holen sie einen neuen Hausgenossen für die nächsten 10 bis 15 Jahre zu sich. Gerade Liebhaber orientalischer Rassen müssen sich bewusst machen, dass diese Katzen weit menschenbezogener sind als andere Rassen und daher auf einen Besitzerwechsel viel empfindsamer reagieren.

Erst dann sollten sie sich an den Kauf wagen. In der Tagespresse kann man auf Inserate ortsansässiger Züchter stoßen; der Vorteil dabei

ist, dass man nicht weit fahren muss und „sein" zukünftiges Katzenkind vor der Abgabe öfter besuchen kann.

Die zentrale Frage sollte niemals die nach dem Preis sein! Wer sich für eine Katze der orientalischen Rassen entscheidet, muss immer mit einem Kaufpreis zwischen 800,– und 1200,– DM rechnen, wenn das Kätzchen gut und sorgfältig aufgezogen wurde.

Balinesen und Mandarins sind meistens teurer als ihre kurzhaarigen Vettern, liegen also an der oberen Grenze unserer Preisangabe. Bei Kätzchen, die wesentlich billiger als unsere untere Preisangabe angeboten werden, sollte man Aufzucht und Papiere besonders kritisch in Augenschein nehmen.

Kaufen Sie kein ungeimpftes Kätzchen! Impfungen gegen Katzenseuche und Katzenschnupfen sind Standard. Zusätzliche Impfungen, die der Züchter empfiehlt, sind sinnvoll, rechtfertigen aber einen höheren Kaufpreis, der sich um etwa 50,– DM pro Impfung bewegt.

Sehr wichtig ist die Frage nach dem Virus-Teststatus der Elterntiere. Alle Katzen eines Züchters sollten im FELV (Leucose)- und im FIV (erworbene Immunschwäche)-Test „negativ" abgeschnitten haben. Diese Viruskrankheiten werden bei „positiven" Tieren untereinander und an die Jungtiere weitergegeben und sind, einmal ausgebrochen, nicht heilbar. Züchter, denen diese Begriffe fremd sind, gehen bedenkenlos mit der Gesundheit ihrer Tiere um und sind keine gute Adresse zum Katzenkauf.

▉ Ein Plätzchen auf dem sonnigen Fenstersims bedeutet echtes Katzenglück.

TIPP Wenn Sie mehrere Züchter besuchen möchten, sollten sie das an verschiedenen Tagen tun. Durch mehrere Termine an einem Tag, ohne dazwischen Kleider und Schuhwerk zu wechseln, tragen Sie automatisch Keime, darunter eventuell auch Krankheiten, von einem Züchter zum anderen.

Besuch beim Züchter

Nachdem Sie telefonisch den ersten Kontakt zum Züchter aufgenommen haben, ist es an der Zeit, einen Besuchstermin zu vereinbaren, um die Katzenkinder „live" zu erleben.

Ein guter Züchter lässt Sie in seine Wohnung, zeigt ihnen seine Katzen, lässt Sie mit den Katzenbabys spielen – also kommen Sie ihm bitte auch entgegen, indem Sie ihm helfen, seine Tiere gesund zu halten. Sie selbst können nicht wissen, was Sie vom vorherigen Züchter vielleicht noch an ihren Kleidern tragen, aber Sie können auf Hygiene achten und mit frischer Kleidung und gewaschenen Händen zum Züchter gehen.

Der persönliche Eindruck

Es gibt sehr viele Katzenzüchter – doch nicht jeder, der sich Züchter nennt, ist dies auch im Sinne eines verantwortungsvollen Umgangs mit dem Tier. Die Palette reicht vom gewerbsmäßigen Tierproduzenten über Züchter mit extrem großem, mittlerem oder kleinem Tierbestand. Nicht die Zahl der Zuchttiere, sondern die Art der Haltung, der Gesundheitszustand und die wesensmäßige Betreuung der Katzen – also die gesamte Lebensqualität der Tiere – zeigt, ob der Züchter seriös ist oder nicht.

TIPP Die menschenbezogene Aufzucht von der Geburtsstunde an prägt das Verhalten des Kätzchens: Sie entscheidet darüber, ob ihre Samtpfote später freundlich und entspannt ist oder scheu und nervös.

Wenn man sich umschaut, wird man alle Arten und Unarten der Tierhaltung vorfinden: von artgerechter Katzenhaltung über Käfig- oder Einzelraumhaltung ohne menschlichen Kontakt bis hin zur völlig überdrehten Verhätschelung von Katzen in Plüsch- und Seidenpalästen, gepudert, parfümiert und überfüttert.

Entsprechend gibt es wie überall auch unter den Züchtern Neid, Eifersucht und Gewinnstreben. Das kann zu diffamierenden Äußerungen gegenüber anderen Züchtern und auch dem Kunden gegenüber führen. Wer sich ein Kätzchen seiner Traumrasse nach Hause holen und sich zuvor informieren und orientieren will, sollte deshalb einige Mühe und Zeit einkalkulieren, um einen Züchter zu finden, der seine Tiere mit Verantwortung aufzieht. Besuchen Sie alle Züchter, die in Frage kommen – unabhängig davon, was Ihnen über den einen oder anderen erzählt wird. Nur Sie selbst und niemand anders können beurteilen, was Sie mit eigenen Augen gesehen haben.

Kaufen Sie bitte kein Kätzchen direkt von der Ausstellung weg oder per Foto oder Video, sondern schauen Sie sich grundsätzlich das Heim des Züchters an. Sie sollten unbedingt den Platz gesehen zu haben, an dem das Katzenkind zur Welt kam!

Ihr Gespür und ihr gesunder Menschenverstand werden Ihnen sagen, ob der Züchter eine gute, liebevolle Beziehung zu seinen Tieren hat. Ein verantwortungsbewusster Züchter wird nicht versuchen, ihnen ein Tier aufzudrängen, sondern er wird auf Sie eingehen, denn auch er braucht Informationen darüber, wie sein Kätzchen in Zukunft leben wird. Er kann ihnen nach intensiver Beratung ein Tier empfehlen, das zu ihnen passt. Er kann es aber auch ablehnen, ein Tier abzugeben, wenn er Zwei-

■ Mit Mamas Schwanz lässt es sich toll spielen!

25

 Der Mandarinkater genießt die frische Luft im gesicherten Garten.

fel hat, dass ein Kätzchen der orientalischen Rasse überhaupt mit ihren Erwartungen und Lebensumständen harmoniert. Eine solche Entscheidung des Züchters sollte man respektieren, denn sie wurde zum Wohl des Tieres getroffen – vielleicht entscheiden Sie sich für eine andere Rasse, die besser zu ihnen passt.

TIPP
Weit mehr als alle anderen Katzenrassen brauchen die Orientalen menschlichen Kontakt und Teilnahme am täglichen Leben. Entsprechend „orientalengerecht" sollte auch die Wohnung eingerichtet sein: mit Schlafplätzen, Spielzeug, Klettermöbeln und Aussichtsplattformen, einem abgesicherten Balkon oder vergitterten Fenstern zum Sonnenbaden.

Wie wachsen die Jungtiere auf?

Sie erkennen einen verantwortungsvollen Züchter daran, dass er nichts zu verbergen hat. Im Gegenteil, er wird ihnen gerne seine top gepflegten Lieblinge zeigen – und zwar alle, nicht nur die Katzenbabies, die zu verkaufen sind, sondern auch deren Eltern und Vorfahren. Wenn er seine Katzen liebt, besitzt er nicht nur aktive Zucht- und Ausstellungstiere. Er hat auch hervorragend gepflegte Senioren und kastrierte Tiere zu Hause, mit denen er nicht mehr züchtet, die er aber für kein Geld der Welt hergeben würde, nur weil sie ihren „Dienst" abgeleistet haben.

Ein guter Züchter lebt mit seinen Katzen, das heißt, sie können sich im Haus oder der großzügigen Wohnung frei bewegen. Selbstbewusst, entspannt, neugierig und ausgeglichen bewegen sich die Katzen im gesamten ihnen angebotenen Lebensraum. Sie sind zugänglich und zeigen freundliches, manchmal auch „aufdringliches" Interesse am Besuch. Sie antworten, wenn der Züchter oder Sie mit ihnen reden. Jungtiere werden Sie entweder belagern oder gerade in ein spannendes Spiel oder eine Balgerei vertieft sein. Dagegen nehmen Katzenmama oder Katzentante die Gelegenheit wahr, sich auf ihrem Schoß niederzulassen und ihre Streicheleinheiten zu genießen.

Will der Züchter Sie nicht zu sich einladen, weil er ihnen das Tier direkt auf der Ausstellung verkaufen will, oder sollten die Katzen sich bei ihm zu Hause eher scheu und verloren im Raum bewegen oder sich

■ Sich auf dem Boden rollen ist Wohlgefühl pur.

überhaupt nicht bewegen, sondern geduckt kauern und sich unter Möbeln verkriechen, so sollten Sie hellhörig werden. Höchstwahrscheinlich werden diese Tiere dann normalerweise in separaten Räumen gehalten – und damit nicht in ständigem Umgang mit Menschen! Für die aktiven und intelligenten Orientalen grenzt dies bereits an Tierquälerei, denn Entzug vom für sie lebenswichtigen menschlichen Kontakt bedeutet starken psychischen Stress, der gerade bei heranwachsenden Jungtieren zu bleibenden Verhaltensstörungen führen kann. Auch die liebevollste Behandlung wird den fehlenden Menschenkontakt in den ersten Lebenswochen nie ersetzen können.

■ Siam- und Orientalenkater markieren ihr Revier.

Wie steht es mit der Katerhaltung?

Eine Menge Aufschluss über einen Züchter gibt die Tatsache, wie er seinen oder seine Kater hält. Und dies ist bei den orientalischen Katzen wahrlich nichts für Anfänger oder Leute, die nicht bereit sind, Einiges an zusätzlichen Anstrengungen in Kauf zu nehmen. Siamkater und ihre orientalischen Vettern sind allesamt sehr

Beim Köpfchengeben wird auch Herrchen oder Frauchen mit Duftmarken versehen.

lebhaft, lautstark und verspritzen fast alle „duftendes" Drüsensekret zur Reviermarkierung. Sie sind aber auch sehr anlehnungsbedürftig und brauchen soziale Kontakte zu Menschen und Katzen. Manche „Spätentwickler" lassen sich ein bis zwei Jahre Zeit, bevor sie mit dem Markieren beginnen, aber irgendwann spritzen auch sie. In einer Mietwohnung ist eine artgerechte Katerhaltung nicht durchzuführen, außer man ist bereit, ein Vermögen in die Renovierung zu stecken. Leider muss gesagt werden, dass das Problem der Katerhaltung selbst bei vielen sonst sehr engagierten Züchtern der orientalischen Rassen, sowohl im Inland als auch im Ausland, nicht adäquat gelöst wird. So mancher Katerprinz haust in völlig unpassenden Wohnverhältnissen, etwa einem Kellerverschlag oder einer Käfigbox. Garagen und Badezimmer sind ebensowenig geeignete „Aufbewahrungsorte" für Kater. Diese Tiere, deren einzige Abwechslung die gelegentliche oder ständig wechselnde Anwesenheit einer zu deckenden Kätzin ist, leiden alle über kurz oder lang am Hospitalismus, der von völliger Lethargie über monotone Bewegungsabläufe bis zur verzweifelten Aggression reichen kann. Katerhaltung in dieser Weise ist Tierquälerei.

Siam- und Orientalenkater sind sexuell sehr aktiv und äußern ihre Frustration lautstark durch Hyperaktivität oder aggressives Verhalten, wenn sie in ihrer vollen Potenz zu wenig Gelegenheit zum Decken bekommen.

Beides – Überforderung des Deckkaters durch zu viele Kätzinnen oder zuwenig Deckgelegenheit – sind für den Kater nicht gut. Dem muss der Katerhalter Rechnung tragen. Sinnvollerweise wird in England – leider nicht bei uns! – ein Abstand von zwei Wochen zwischen den Besuchen von Deckkätzinnen vorgeschrieben. Einerseits kann der Kater sich erholen, andererseits verringert sich das Risiko der Übertragung von Infektionskrankheiten für Kater und Kätzinnen. Hormonbehandlungen, die den

Ein Zuchtkater darf niemals ohne Familienanschluß und Kontakt zu anderen Katzen gehalten werden. Optimal ist ein innerhalb des Wohnbereiches gelegenes Katerzimmer, das gut zu reinigen ist und möglichst eine Glastür hat, durch die unser Katzenfürst alles verfolgen kann, was um ihn herum im Haushalt vor sich geht.

Kater ruhig stellen sollen, wirken meist nur kurze Zeit und lösen das Problem nicht dauerhaft.

Viele kleinere Züchter haben eine ideale Kombination aus Kater- und Familienkatzenhaltung gefunden, indem sie einem gesunden Jungkater die Möglichkeit geben, einige Male zu decken. Bevor er ausgeprägte Katermanieren entwickelt, wird er aber kastriert. Das erspart den unglaublich menschenbezogenen Katern orientalischer Rassen das wenig attraktive Leben eines isoliert lebenden „Profideckkaters". Außerdem beteiligen sich orientalische Katzenväter oft an der Aufzucht der Jungen, wenn sie mit in der Familie leben.

Selbstverständlich braucht er mehr Zeit von seiten des Züchters als nur Futter-, Wasser- und Toilettenservice. Mehrere Kater benötigen ein großzügiges, gefliestes Katerhaus mit Heizung und Tageslicht, an das sich mindestens ein Freigehege anschließt. Auch die Innenausstattung muss an die Bewegungs- und Kletterbedürfnisse der Kater angepasst sein und ausreichende Ruhe- und Rückzugsmöglichkeiten bieten. Solch eine Einrichtung zu installieren und zu unterhalten, kostet viel Geld und Zeit. Ein Züchter, dem an psychisch und körperlich gesunden Tieren liegt, wird jedoch beides gerne investieren.

Beim Fauchen zeigt der Kater sein prachtvolles Gebiss.

29

Fazit

Machen Sie keine Kompromisse bei der Auswahl ihres Kätzchens. Ausstellungserfolge, Berge von Schleifen und Trophäen und Phantasietitel der Elterntiere garantieren nicht automatisch gesunde, gut sozialisierte Katzenbabys. Der wirklich entscheidende Faktor ist eine abwechslungsreiche, sorgfältige und vor allem liebevolle Aufzucht der Jungtiere. Ob hässliches Entlein oder schöner Schwan – ein Orientalenkätzchen, das Sie niemals zu sehen bekommen, weil es sich ängstlich vor allem und jedem versteckt, ist purer Stress – für Sie, besonders aber für das arme Tier. Verhaltensstörungen sind nur selten erblich bedingt; gerade die intelligenten und seelisch empfindsamen Siam und Orientalen brauchen auch einfühlsame Menschen. Sie werden bei liebloser Aufzucht ohne soziale Kontakte viel schneller nervös und verstört als andere, weniger sensible und weniger auf Menschenkontakt angewiesene Katzenrassen.

Ein schlechter Start in der frühen Entwicklungsphase eines Kätzchens kann nie wieder gutgemacht werden.

Checkliste für den Katzenkauf

- Gehen Sie bei der Auswahl ihres Tieres keine Kompromisse ein. Lassen Sie sich nicht von Ausstellungspreisen blenden. Berge von Pokalen und Schleifen sind keinerlei Gewähr für ein fittes, gut sozialisiertes Jungtier. Auch noch so monströse Championtitel der Elterntiere geben keine Garantie für die „Familieneignung" ihres neuen Kätzchens.
- Sie wollen in erster Linie einen liebenswerten neuen Hausgenossen, der sowohl körperlich, als auch seelisch gesund ist.
  Nur ein Kätzchen, das mit Menschen zusammen aufgewachsen ist, ist auch menschenbezogen und verschmust. Ein wirklich guter Züchter kann ihnen in allen Einzelheiten das Wesen und die Eigenheiten jedes seiner Kätzchen schildern. Wenn später einmal ein Champion daraus werden sollte oder eine begnadete Katzenmutter, umso besser.
- Lassen Sie ihre Intuition sprechen, wählen Sie ein freundliches, verspieltes Jungtier von aufgeschlossenen Katzeneltern, die im engeren menschlichen Kontakt vom Züchter gehalten und aufgezogen werden.
- Verlangen Sie Gesundheitsgarantien in Form von Impfpass und tierärztlicher Gesundheitsbescheinigung.

Billiger ist nicht unbedingt preiswert

Siamesen, Orientalen und ihre halblangaarigen Vettern sollte man ausschließlich bei Züchtern kaufen, die als Mitglied unter dem Dach eines eingetragenen Vereines (e.V. beim Vereinsnamen) organisiert sind. Solche Vereine garantieren auch für die Richtigkeit der Stammbaumunterlagen.

■■■ Kleine Katzen und Kinder verstehen sich prächtig, wenn sie miteinander aufwachsen.

Die **Stammbaumurkunde** gehört als Dokument zu jedem Jungtier. Aus ihr gehen Name und Sitz des Züchters und des ausstellenden Vereines hervor. Gibt es im Nachhinein Probleme, kann man sich hilfesuchend an den Verein wenden, falls der Züchter selbst nicht kooperativ sein sollte. Sogenannte „preisgünstige" Kätzchen aus dem Zoohandel kommen oft aus tierschutzwidrigen ausländischen Großzuchten oder von verantwortungslosen Geschäftemachern, die sich eigentlich schon durch die Weise, wie die Katzen verkauft werden – dubiose und lange Transportwege, zu junge, oft kränkliche Tiere in kleinen Käfigen – disqualifizieren. Leider verführt das Mitleid viele Menschen, gerade solche Kätzchen aus diesen Zuständen durch Kauf zu befreien. Das aber hat zur Folge, dass diesen Praktiken Vorschub geleistet wird und weitere Tiere auf denselben Leidensweg geschickt werden.

Züchter, die eingetragenen Vereinen angeschlossen sind, geben keine Jungtiere an den Zoohandel ab. Von Vereinsseite aus ist der Verkauf von Tieren zu Versuchszwecken und an den gewerblichen Tierhandel untersagt. Für den Züchter würde dies den sofortigen Ausschluss aus dem Verein bedeuten.

31

Vom Katzenkind zur ausgewachsenen Katze

Rechte Seite:
Ob ich den erwische?
Cinnamon-geticktes
Mandarinbaby im Spiel.

Wenn Sie sich für ein junges Siam- oder Orientalenkätzchen entschieden haben, werden Sie zu Anfang einen kleinen Wildfang kennenlernen. Als erwachsene Katze weiß sie dann genau, wie sie von ihnen bekommt, was sie will. Auch ihre ältere und ruhigere Orientalische Katze wird immer wieder zu einem Spielchen aufgelegt sein. Sie wird ihnen aber mehr der vertraute, anhängliche Freund sein und Schmusen und Kuscheln dem Spiel vorziehen.

Vorbereitungen zu Hause

Bevor Sie ihr Traumkätzchen beim Züchter abholen, haben Sie sich bereits eine erste **Grundausstattung** an Katzenzubehör besorgt:

Grundausstattung	
• Transportbehälter	• Wasserschale
• zwei Katzentoiletten	• Kämme und Bürsten
• Ton- oder Holzstreu	• Kratzpfosten und
• Plüschhöhle	Kletterbaum
• Futternapf	

- Am Anfang brauchen Sie zwei **Katzentoiletten**: eine große mit Dach und eine kleine, flache Toilette, dazu Gitterschaufeln zur Reinigung der Kistchen und eine gute, **klumpenbildende Ton- oder Holzstreu,** die nicht gebleicht oder anderweitig chemisch behandelt sein sollte.
- Ein stabiler **Transportbehälter** für Katzen aus Kunststoff sollte die allererste Investition sein. Darin werden Sie ihr Katzenbaby abholen, es später zum Tierarzt oder auf Reisen mitnehmen. Zu Hause kann er als Schlafhöhle dienen, wenn man die Eingangstür entfernt. Solche Behälter aus Kunststoff sind leicht zu reinigen und zu desinfizieren, und sie sind in vielen Farben und Ausführungen erhältlich.
- Eine **Kuschelhöhle** aus Schaumstoff, weich bezogen, zu Hause am besten an einem erhöhten Platz in Heizungsnähe oder am Fenster

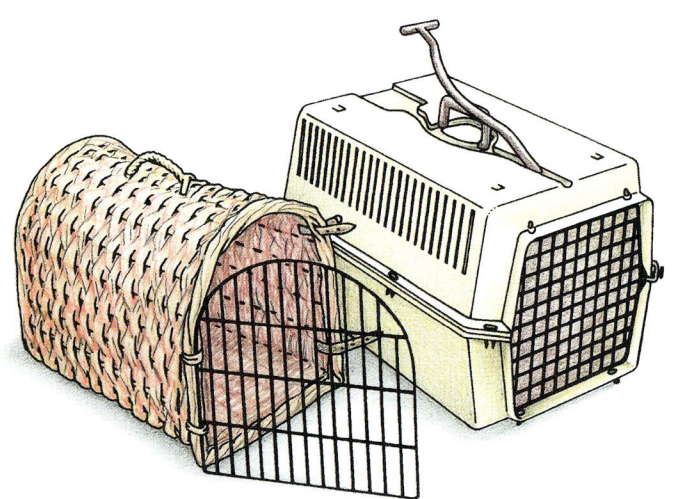

Transportbehälter müssen sicher verschließbar sein.

aufgestellt, bietet ihrer Mieze eine gemütliche Rückzugsmöglichkeit, wenn sie ihre Ruhe und trotzdem die Übersicht haben will.

- Zur Krallenpflege reicht am Anfang ein **Kratzpfosten** für ihren kleinen Wildfang aus. Später aber braucht man unbedingt einen standfesten **Kletterbaum**, den man selber bauen oder im Zoofachhandel erwerben kann. ihrem Wohnstil und ihrer Phantasie sind hier keine Grenzen gesetzt. Für die Psyche ihrer orientalischen Katze ist es enorm wichtig, dass ein stattlicher Kletterbaum viele Möglichkeiten bietet, sich auch in der Höhe des Raumes bewegen zu können.

Zum Thema **Krallenwetzen**: das ist viel mehr als nur Pflege der „Jagd- und Kletterwerkzeuge". Es ist der ureigenste Ausdruck von Lebensgefühl für die Katze, zugleich noch Fitnesstraining, Stretching und eine subtile Art der Markierung ihres „Wohn- und Wohlfühlbereiches". Beim Wetzen werden nämlich von kleinen Drüsen zwischen den Pfotenballen auch Duftstoffe freigesetzt, die für unsere ziemlich unsensiblen Menschennasen aber nicht als Duftnachrichten wahrnehmbar sind.

Wenn Krallenwetzen für Sie ein Problem darstellt, wird dies mit Krallenschneiden nicht aus der Welt geschafft – im Gegenteil, Sie nehmen ihrer Katze ein ganz wichtiges Stück Lebensqualität! Sorgen Sie also gleich von Anfang an für attraktive „Krallenwetzplätze", dann werden Sie später wenig

Sich Strecken und Krallenwetzen gehört zum Verhaltensrepertoire jeder Katze. Deshalb sind Kratzbäume in der Wohnung wichtig.

34

Ärger mit beschädigten Möbeln, Polstern od
ten haben.

- **Futternapf** und **Wasserschale**, möglichst
  natürlichen Materialien wie Ton, Keramik
  Edelstahl, gehören ebenso zur Grundauss
  tung. Sie sollen schwer und standfest sein
  und eine große, weite Öffnung haben,
  denn Katzen mögen es nicht, wenn sie
  mit ihren Schnurrhaaren beim Fressen
  oder Trinken an den Napfrand stoßen.
- Über das **Futter** lassen Sie sich schon
  vorher vom Züchter beraten. Vor allem ir
  der ersten Zeit sollten Sie sich ganz genau
  den Futterplan ihres Züchters halten. Er wird die richtige Fütterung mit ihnen besprechen, sie ihnen aufschreiben oder
  vielleicht sogar ein „Fresspaket", bestehend aus dem gewohnten
  Futter für die erste Zeit, mit auf den Weg geben. Wenn Sie möchten
  oder es erforderlich sein sollte, können Sie ihr Kätzchen später dann
  Schritt für Schritt auf ein anderes Futter umstellen.
- Ihre seidenhaarige Katzenschönheit wird wenig Fellpflege brauchen.
  Sie schafft es leicht alleine, ihr Fell schön und in Ordnung zu halten. Auch das Balinesen- und Javanesenfell zeigt keine Tendenz
  zum Verfilzen. Ihre Samtpfote wird es trotzdem sehr genießen,
  wenn Sie ihr bei der Fellpflege helfen. Welche **Kämme** und **Bürsten**
  dazu geeignet sind, zeigt ihnen der Züchter.

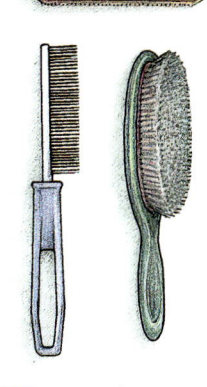

■ Futter- und
Trinknäpfe gibt es im
Fachhandel in großer
Auswahl.

■ Flohkamm,
Gummibürste und
Naturbürste sind wichti-
ge Utensilien für die
tägliche Fellpflege.

Abholen des Katzenkindes

Am Besten holen Sie ihr Kätzchen zu Beginn ihres Urlaubs oder an
einem Wochenende. Dann haben Sie genügend Zeit, sich ganz dem
neuen Mitbewohner zu widmen. Lassen
Sie sich Zeit bei der Wahl! Das Katzenkind ist jetzt 12 bis 14 Wochen alt,
denn erst in diesem Alter ist es nicht
nur körperlich, sondern auch
vom Verhalten her entwöhnt,
und es hat alle wichtigen Impfungen. Besprechen Sie mit
dem Züchter, welches Kätzchen er ihnen empfehlen würde. Er kennt den Charakter
jedes einzelnen Katzenbabys

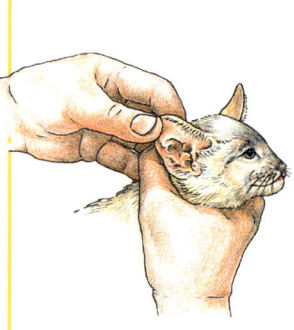

| **Achten Sie auf folgende Punkte:** |

- Ein gesundes Kätzchen hat ein glattes, sauberes Fell (Flohbefall macht sich durch kleine schwärzliche Krümel im Fell bemerkbar).
- Ein orientalischen Katzenkind fühlt sich fest und straff an, hat klare Augen, eine saubere Nase und rosige Öhrchen.
- An Augen, Ohren, Nase oder Popo sollten keine Spuren von Ausscheidungen zu finden sein.

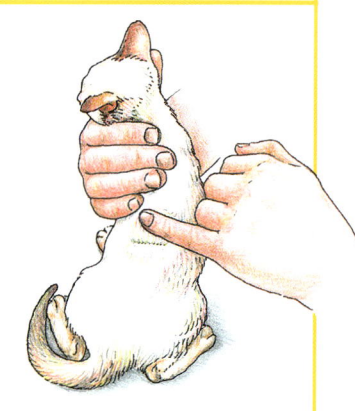

von Geburt an. Nur er weiß, wie verschieden sie sind, wer die Schmusebacke, der Draufgänger, das Rühr-mich-nicht-an-aber-quassel-mit-mir oder der lebende Pelzkragen ist. Wenn Sie später nicht auf Ausstellungen gehen wollen, können ein Silberblick oder eine Unebenheit an der Schwanzspitze den Charme ihres Lieblings nur vergrößern. Wichtig ist, dass **Sie** sich das Kätzchen aussuchen, weil es ihnen am sympathischsten ist, sich knuddeln und hochnehmen lässt – oder hat sich vielleicht das Katzenkind für Sie entschieden? War es plötzlich auf ihrem Schoß und wollte partout nicht mehr weg? Dann sind die Würfel ja bereits gefallen...

Warum der Kaufvertrag wichtig ist

Papiere beim Kauf

- Kaufvertrag
- Impfpass
- Stammbaum
- Gesundheitszeugnis

Wenn ihre Entscheidung für ein Kätzchen gefallen ist, schließt der Züchter mit ihnen normalerweise einen **Kaufvertrag** ab, der die behütete Zukunft der Katze sicherstellen soll. Üblicherweise wird sich der Züchter ein Vorkaufsrecht für das Tier zusichern lassen. Alle wichtigen Daten, eine Beschreibung des Kätzchens und eine Auflistung aller mit dem Tier ausgehändigten Papiere (Impfpass, Stammbaum, eventuell ein tierärztliches Gesundheitszeugnis sowie Nachweise über durchgeführte Bluttests) werden im Kaufvertrag festgehalten. Sollte der Stammbaum aus irgendeinem Grund nachgereicht werden müssen, lassen Sie sich ihren Anspruch auf die Abstammungsurkunde unbedingt schriftlich bestätigen – im Nachhinein ist er nur schwer geltend zu machen.

36

Zwischen ....(im folgenden „Verkäufer" genannt)
und ....(im folgenden „Käufer" genannt)

wird folgender
Kaufvertrag über eine Katze
geschlossen:

§1

1. Der Verkäufer verkauft dem Käufer hiermit seine in § 2 beschriebene Katze. Die Übergabe des Tieres erfolgt
am ....
Von diesem Tag an gehen Gefahr, Lasten und Nutzen auf den Käufer über.
2. Der Kaufpreis beträgt ....DM (in Worten DM).
Er wird wie folgt geleistet...

§2

1. Die verkaufte Katze wird wie folgt beschrieben:
   a) Name ....   d) Geschlecht ....
   b) Rasse ....   e) Farbe ....
   c) Geburtsdatum.................................   f) Zuchtbuch-Nr. ....
2) Die vorstehend angegebenen Rasse- und Farbmerkmale beziehen sich auf den Zeitpunkt der Übergabe des
Tieres. Für wachstumsbedingte Veränderungen dieser Merkmale haftet der Verkäufer nicht. Der Käufer hat
das Tier besichtigt. Er verzichtet auf jegliche Rüge äußerlich erkennbarer Mängel.

§3

1) Der Verkäufer versichert, dass die Katze zum Zeitpunkt der Übergabe
   a) Gesund und frei von ansteckenden Krankheiten ist,
   b) entwurmt und gegen Katzenseuche geimpft ist,
   c) nicht zum Wiederverkauf erworben ist,
   d) folgende weitere Impfungen erhalten hat:...
2) Der Verkäufer händigt dem Käufer am Tage der Übergabe der Katze folgende Papiere aus:
   a) Impfpass, aus dem die in Abs. 1 erwähnten Impfungen ersichtlich sind.
   b) Abstammungsnachweis bzw. Eintragungsbescheinigung des Katzenvereins, in dessen Zuchtbuch die
verkaufte Katze geführt wird. Er versichert gleichzeitig, dass die verkaufte Katze mit dem aus den Papieren
ersichtlichen Tier identisch ist.

§4

1) Der Käufer verpflichtet sich und seine Erben, das erworbene Tier
   a) nicht zu Versuchszwecken zu verwenden oder hierzu weiter zu veräußern
   b nicht an Zoohandlungen oder berufsmäßige Tierverkaufsvermittler weiter zu veräußern,
   c) jede Weiterveräußerung dem Verkäufer anzuzeigen.
2) Für jeden Fall des §4 Abs. 1c behält sich der Verkäufer ein Wiederverkaufsrecht vor, nach dessen Ausübung
des Wiederverkaufsrechts, höchstens aber den ursprünglichen Kaufpreis zurückzuerstatten. Der Verkäufer
verpflichtet sich weiterhin, im Falle der Anzeige der Weiterveräußerung innerhalb von zwei Wochen zu
erklären, ob er von seinem Wiederverkaufsrecht Gebrauch mache oder nicht.
3) Verletzt der Käufer eine der in §4 Abs. 1 und 2 eingegangenen Verpflichtung, so wird für jeden Fall der
Zuwiderhandlung eine Vertragsstrafe von 1000,– DM fällig, die der Käufer an den Verkäufer zu zahlen hat.

§5

Besondere Vereinbarungen (z.B. Eigentumsvorbehalt, besondere Qualitäten der Katze usw.)
....
....
....

§6

Änderungen und Ergänzungen dieses Vertrages bedürfen der Schriftform.

Ort und Datum....................................... Verkäufer... Käufer...

Wenn Sie Zweifel an der Gesundheit des Katzenbabys haben, haben sich aber in das Kätzchen verliebt und wollen es dennoch unbedingt kaufen, so lassen Sie sich vom Verkäufer vertraglich zusichern, dass er das Katzenkind binnen 48 Stunden zurücknimmt, wenn ein Tierarzt ihrer Wahl, dem Sie das neugekaufte Kätzchen selbstverständlich unverzüglich zeigen müssen, eine Krankheit diagnostiziert. Spätere Reklamationen sind meist erfolglos, denn mit dem Kauf übernehmen Sie die Verantwortung für das Tierchen. Nur für Krankheiten, die latent schon vorhanden waren und die ihnen der Züchter wissentlich oder unwissentlich nicht mitgeteilt hat oder die innerhalb einer typischen Inkubationszeit von zwei Wochen nach Kauf auftreten und die eindeutig nicht durch eine Ansteckung über andere Katzen in ihrem Haushalt verursacht wurden, muss der Züchter die Verantwortung übernehmen.

Heimweg

TIPP Transportieren Sie ihre Katze immer in einer gut verschlossenen Transportbox, die gut belüftet, aber vor Zugluft geschützt sein soll.

Vor der Abfahrt klären Sie mit dem Züchter noch ein paar Dinge. Ganz wichtig sind die Essgewohnheiten ihres kleinen Energiebündels. Halten Sie sich in den ersten Tagen exakt an die Anweisungen des Züchters und stellen Sie das Futter nur ganz allmählich um. Üblicherweise ist das Kätzchen stubenrein, wenn es den Züchter verlässt. Fragen Sie aber unbedingt nach, welche Katzenstreu das Kleine gewöhnt ist.

Die Heimreise tritt die kleine Orientalin grundsätzlich im verschlossenen Transportbehälter an, der zugluftgeschützt, aber dennoch – besonders während der warmen Jahreszeit – gut belüftet sein muss, damit das Kätzchen keinen lebensgefährlichen Hitzestau erleidet. Bei Heimfahrten bis etwa drei Stunden Dauer muss das Tier nicht gefüttert und getränkt werden. Dauert die Reise länger, bietet man etwa alle drei Stunden Futter und Wasser an – selbstverständlich im geschlossenen Fahrzeug, um ein Entlaufen auszuschließen. Falls trotzdem ein kleines Malheur passieren sollte, empfiehlt es sich, eine Rolle Küchentücher mitzunehmen – dann sind Sie für alles gerüstet...

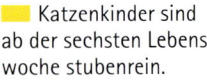 Katzenkinder sind ab der sechsten Lebenswoche stubenrein.

Der erste Tag

Zu Hause ist erst einmal Ruhe das Allerwichtigste. Bitte kein Empfangskommitee, keine Party, keine Nachbarn! Das Kätzchen hat bereits durch die Reise und die Trennung von der gewohnten Umgebung genug zu verarbeiten. Das neue Zuhause dazu ist völlig fremd mit lauter neuen Geräuschen. Fremde Geräusche verunsichern Katzen mehr als eine fremde räumliche Umgebung. Die wird meist schnell erkundet, es dauert aber einige Zeit, bis die Katze die neue Geräuschwelt einordnen kann – man sieht es am lebhaften Spiel der Ohren.

Geben Sie dem neuen Katzenkind vor allem Zeit: Ziehen Sie es nicht unter dem Sofa oder Schrank hervor, sollte es sich zuerst aus Angst verkriechen. Wenn die Wohnung groß ist, beschränken Sie das Kleine zu Anfang auf einen bestimmten Bereich, in dem es aber nicht vom Familienleben ausgeschlossen ist.

Manchmal finden junge Kätzchen „auf weiter Flur" vor Aufregung die Katzentoilette nicht gleich wieder; andere Katzenkinder wissen nicht, was eine Treppe ist und müssen erst lernen, damit umzugehen. Ihre übrigen Heimtiere halten Sie am Ankunftstag besser vom neuen Kätzchen fern. Später ist immer noch Zeit, den Minipanther mit allen anderen Tieren des Haushaltes bekanntzumachen.

TIPP

Zeigen Sie ihrem Neuling zuerst die Katzentoilette und den Wassernapf. Lassen Sie ihm Zeit, ziehen Sie sich etwas zurück und beobachten Sie, wie allmählich die Neugier über die Angst siegt und ihr Kätzchen die Umgebung zu erkunden beginnt.

Siam und Orientalen: stürmisch und lernfreudig!

Wenn man das Wesen der orientalischen Rassen mit ganz knappen Worten beschreiben müsste, wäre „eifrig" der zentrale Begriff. Manche dieser Katzenzeitgenossen sind sogar ein wenig übereifrig – man muss sie sanft bremsen, ohne ihnen den Spaß zu verderben. Orientalen wollen immer gefallen, sie bemühen sich auf schon fast unglaubliche Weise um Zuwendung und Beachtung durch ihren Besitzer. Schon ganz junge Kätzchen folgen den Menschen auf Schritt und Tritt und springen vom Tisch überraschend auf die Schulter (dummerweise meistens von hinten) oder kuscheln nachts am liebsten auf dem Gesicht ihres Menschen. Der Wunsch

■ Da oben gibt es bestimmt etwas Interessantes zu sehen!

39

Buntes, bewegliches Spielzeug mögen Katzen am liebsten.

der Schlankformkatzen, nach Möglichkeit ständig Körperkontakt zum Besitzer zu haben, ist nicht aberziehbar und macht zugleich einen großen Teil ihres besonderen Charmes aus. Wem das zuviel ist, der sollte sich ganz klar eine andere Rasse auswählen.

Eine Möglichkeit, die Siamkatze ab und zu von den Fersen, der Schulter oder dem Schoß fernzuhalten, oder sie etwas vom Schreibtisch oder Bügelbrett abzulenken, an dem man gerade arbeitet, ist, ihr eine andere Beschäftigung anzubieten. Das kann Spielzeug sein oder ein genauso aktiver, kätzischer Sozialpartner aus der Gruppe der orientalischen Katzen. „Kontaktliegen" ist für Siam & Co. eine wichtige Sache. Will man nur eine solche Katze halten, sollte sie mit im Bett schlafen dürfen. Wer Katzen im Bett nicht mag, sollte unbedingt zwei Tiere halten, die gemeinsam in einem Körbchen schlafen können.

Erziehung einer erfinderischen und aktiven Katze

Der Korb ist ein ausgezeichnetes Kletter- und Spielgerät für neugierige Katzenkinder.

Schlankformkatzen rennen und springen mehr als andere Rassen, versinken in stundenlangem Spiel mit einem Papierbällchen oder bekommen ihre „mad moments": dann jagen sie mit unverschämt blitzenden Augen und ausgebreiteten Schnurrhaaren Phantome durch die ganze Wohnung. Zerbrechliche Gegenstände sollten vorher sicherheitshalber aus dem Weg geräumt werden!

Man kann einzelne Bereiche im Haus zur „Tabuzone" erklären. Das muss dann aber mit unerschütterlicher Konsequenz beibehalten werden. Bei Überschreitung eines Tabus erfolgt dezentes Anspritzen des Übeltäters mit einer Wasserspritze. Unser kleines Genie darf dabei

nicht mitbekommen, woher der Strahl kam. Sonst begreift es schnell, dass bei Herrchens Abwesenheit nichts passiert und man in aller Ruhe Blödsinn machen kann. Übertreiben Sie nicht mit Verboten, denn die Lebensqualität und das spezielle Wesen unseres Zimmertigers würden dadurch zu sehr eingeschränkt.

Unsere kleinen schlanken Racker kennen ihren Namen schon nach wenigen Zurufen, weil sie immer um unsere Aufmerksamkeit bemüht sind. Man braucht dazu keine Leckerbissen, eher ein paar Streicheleinheiten. Rufen Sie das Kätzchen aber bitte nicht mit seinem Namen, wenn Sie etwas Unangenehmes von ihm verlangen müssen. Geben Sie ihm die Wurmpaste nicht gerade dann, wenn es „freudestrahlend" auf ihren Zuruf hin ge-

kommen ist. Es wird sich das merken, mit der weniger guten Erfahrungen verbinden und in Zukunft nicht mehr ganz so unvoreingenommen auf Sie zukommen.

Mit den Pfötchen gefangen und festgehalten, die schwarz-silbergetickte junge Orientalin hat's "begriffen".

Stubenreinheit

Normalerweise sind Katzenkinder stubenrein, wenn man sie zu sich holt. Allerdings müssen sie öfter als erwachsene Katzen fressen und ebenso auch öfter zur Toilette. Es kann auch vorkommen, dass sie so in Spiel oder Schlaf vertieft sind, dass der Weg zur Katzentoilette schon zu lang sein kann, wenn sie plötzlich merken, dass sie müssen. Deshalb sollten für ganz junge Kätzchen immer mehrere Toiletten

> Sollte doch einmal ein Missgeschick auf dem Teppich passiert sein, werden Sie niemals ihr Kätzchen mit der Nase hineintunken! Die Katze kann das in diesem Zusammenhang überhaupt nicht verstehen.

gut erreichbar zur Verfügung stehen. Später genügen dann zwei, denn Katzen gehen gerne auf verschiedene Kistchen für das große und das kleine Geschäft.

Wenn das Kätzchen den Teppich statt das Katzenklo benutzt, liegt vielleicht der Fehler auch gar nicht bei ihr, sondern bei ihnen. War die Katzentoilette frei zugänglich? Hat die Katze Durchfall, von dem sie selbst überrascht wurde? Hat sie sich erschreckt und verkrochen und sich deshalb nicht auf die Toilette gewagt? Oder war die Toilette nicht frisch und sauber? Zu Recht weigern sich viele Katzen, ein Klo zu

41

benutzen, das nicht sauber ist, denn in ihrer Welt ist Sauberkeit eines der wichtigsten Dinge.

Werden stubenreine Katzen plötzlich unsauber, kann das mehrere Ursachen haben. **Eifersucht** ist sehr oft ein Grund, aber auch eine Krankheit könnte dahinter stecken. Bei beginnender Geschlechtsreife verspritzen manche heranwachsende Katzen und Kater Urin zur Duftmarkierung ihres Reviers. Die Kastration durch den Tierarzt setzt dem in den allermeisten Fällen ein Ende.

Je mehr Katzen auf engem Raum gehalten werden, desto größer sind die Probleme mit der Unsauberkeit. Wenn eine bestimmte Toleranzgrenze überschritten ist, fühlen sich einzelne Katzen durch den Mangel an „Sicherheitszone" genötigt, ihre Toilettenmanieren über Bord zu werfen. Eifersucht auf ein Baby oder einen neuen Hund in der Familie können dazu führen, dass sie sogar gezielt vor den Augen ihrer Menschen das Bächlein ins Spülbecken oder das Häufchen ins Bett, die Babywiege oder den Lieblingssessel machen. Sie zeigen mit äußerster Deutlichkeit, dass sie sich in ihrem Revier eingeschränkt fühlen, dass sie unzufrieden oder unglücklich sind. Katzen lieben maßvolle Geselligkeit.

Für Katzenbabys sollte die Toilette einen niedrigen Rand haben.

Spielen, klettern und lernen, was verboten ist

Junge Katzen turnen in der ganzen Wohnung – wenn es geht auch an den Vorhängen hoch. Als Jäger sind sie extrem gute Kletterer und immer gern in erhöhter Position, um einen guten Überblick über ihr „Jagdrevier" zu haben. Die dritte Dimension gehört zu ihrem Lebensraum. In unseren Wohnungen sind das die Regale, Schränke und Fenstersimse, am besten aber ein oder mehrere stattliche **Katzenkletterbäume**.

Die Waschmaschine ist ein gefährlicher Ort – er zieht Katzen magisch an.

Einmal tabu ist immer tabu! Setzen Sie die Katze sofort auf dem Boden, wenn sie sich auf ein unerlaubtes Möbelstück begeben hat. Dabei geben Sie ein zischendes Geräusch von sich, denn Zischen bedeutet immer Warnung in der Natur. Man kann die intelligenten orientalischen Katzen auch an das streng ausgesprochene Wort „Nein" für verbotene Dinge gewöhnen. Aus weiterer Entfernung kann man die

Auch der Mülleimer wird inspiziert.

bereits erwähnte Wasserpistole einsetzen, um die Katze von einem verbotenen Platz zu verweisen.

Schlagen und Schreien sind keine Mittel zur Katzenerziehung. Nur mit Geduld, Konsequenz, Streicheleinheiten und Spiel lernt ihre Katze zu verstehen, was Sie von ihr wollen.

Katzen lernen durch Zusehen und Abschauen. Machen Sie ihr vor, wo sie die Krallen wetzen soll und schauspielern Sie mit Überzeugung, um ihrer Katze die richtigen Vorbilder zum Abschauen zu geben. Vergessen Sie dabei nicht, dass mit Humor, Geduld und Leckerlis viel erreicht werden kann. Wenn Sie ihrem Minipanther etwas auf Katzenart glaubhaft vormachen können, wird er es ihnen nachmachen. Je mehr Sie selbst durch Beobachtung lernen, ihre Katze zu verstehen, desto leichter wird es für Sie, ihr etwas beizubringen. Katzen untereinander äußern ihr Missfallen in Form von kurzem Schnauben. Steckt ihre Katze ihre Nase in Dinge, die sie nichts angehen, versuchen Sie es einmal mit leichtem Anblasen oder Anschnauben. Das ist für die Katze so eindeutig, dass es praktisch immer wirkt. Wundern Sie sich dann aber nicht, wenn ihre Katze Sie mit einem erstaunten, fragenden Blick anschaut: „Du kannst das auch?"

Bei den Orientalischen Katzen kommt uns noch eine besondere Eigenschaft entgegen: diese Katzen „reden" besonders viel und mit erstaunlich

TIPP
Plätze, die **tabu** sind: – etwa Eßtisch, Küchenanrichte und Herd – müssen Sie ihrer Katze konsequent beibringen.

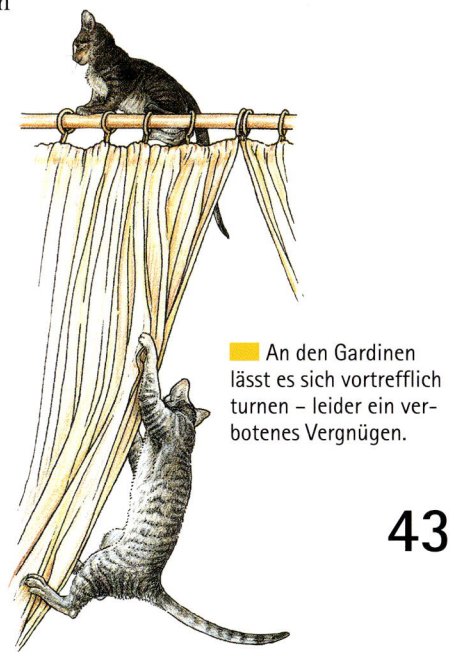

An den Gardinen lässt es sich vortrefflich turnen – leider ein verbotenes Vergnügen.

43

verschiedenen Lautäußerungen. Es ist deshalb nicht schwer, ihnen beizubringen, dass bestimmte kurze Wortfolgen auch eine bestimmte Bedeutung haben.

Die Orientalin in Wohnung, Garten oder Auslauf

Durch ihre enge Bindung an ihren Menschen und das etwas erhöhte
Wärmebedürnis – einem Erbe ihrer asiatischen Herkunft – sind die Orientalen allesamt ideale Wohnungskatzen. Dazu kommt, dass sie sich
auch gut alleine beschäftigen können und ihren Tagesablauf perfekt
anpassen, wenn ihr Besitzer tagsüber bei der Arbeit ist. Sie verlegen

Wohnungskatzen brauchen unbedingt eine abwechslungsreiche Umgebung	
• viele Klettermöglichkeiten	• Spielzeug
• verschiedene Schlaf- und Ruheplätze	• gesicherter Balkon oder Fenster
	• Ausguck am Fenster

■ Schon kleine Orien-
talen "reden" viel.

44

Junge Seal-Tortie-Point-Balinesin im Zimmergarten. Vorsicht – manche Pflanzen sind für Katzen giftig.

Gefahrenquellen im Haushalt

- Herd, Bügeleisen, offene elektrische Geräte wie Wasch- und Spülmaschine
- ungesicherte Fenster und Balkone, gekippte Fenster
- für Katzen nicht geeignete Pflanzen, Haushaltschemikalien und Medikamente
- freiliegende Stromkabel

sozusagen ihre Aktivitätsphasen auf morgens und abends, der Tag wird verschlafen. Wer tagsüber mehrere Stunden außer Haus ist, sollte jedoch besser zwei oder mehrere Katzen halten, damit sie sich gegenseitig Gesellschaft leisten können.

Im Haushalt können mit diesen neugierigen Katzen leicht Unfälle passieren, deshalb sollten Sie sich unbedingt Gedanken darüber machen, wie sie dieses Risiko gering halten können.

Wenn der Garten oder Balkon gut mit Netzen abgesichert ist oder Sie ein Freigehege bauen können, eröffnen Sie ihrem Stubentiger eine neue Abenteuerwelt mit Sonne und frischer Luft, eventuell einem

Herrlich, der alte
Birnbaum zum Klettern.

46

großen Stück Baumstamm und einem herrlichen Aussichtsplatz. Ist die Gelegenheit dazu gegeben, werden die orientalischen Katzen sehr erfolgreich und geschickt Mäuse fangen, denn sie haben das als echte Katzen nie verlernt.

Völligen Freilauf kann man diesen Katzen nur dann bieten, wenn man wirklich abgelegen wohnt. Die Gefahr, dass sie schon allein wegen ihres Aussehens gestohlen werden, ist groß. Außerdem lauern eine Unmenge anderer Gefahren. Man muss sich genau überlegen, ob man seinen Liebling diesen Risiken aussetzen will.

Lässt man die Katzen aber frei laufen, so ist die Tollwutimpfung ein Muss, regelmäßiges Entwurmen und Ungezieferkontrolle ebenso. Eventuell lässt man eine Tätowierung im Ohr anbringen (in manchen europäischen Ländern ist das sowieso vorgeschrieben) oder die Markierung mit einem winzigen Chip durchführen, der vom Tierarzt unsichtbar unter die Haut gepflanzt wird und elektronisch abgelesen werden kann. Damit kann bei Verlust oder Tod des Tieres wenigstens sein Besitzer festgestellt und benachrichtigt werden.

Orientalen und andere Haustiere

Junge Orientalen, aber auch viele erwachsene Tiere freunden sich praktisch mit allen anderen Haustieren an. ihre Liebe zur Geselligkeit kann so weit gehen, dass sie mit ruhigeren Hunden sogar kuscheln, ihnen Köpfchen an der Hundeschnauze geben und mit ihnen aus einem Napf fressen. Kleinere Nager und Vögel geraten dagegen beim Anblick ihres größten Feindes eher in Stress, außer sie werden als sehr junge Tiere zusammengebracht.

Zwei Orientalen haben sich gefunden – persischer Windhund und junger Orientalisch-Kurzhaar-Kater.

47

Siamkatzen reisen gern

Orientalische Rassen begleiten ihren Besitzer gerne auf längeren oder kürzeren Reisen. Dadurch unterscheiden sie sich von den meisten anderen Katzenrassen, denn sie sind überwiegend personen- und weniger ortsbezogen. Lässt es sich aber nicht einrichten, dass die Katze mitkommen kann, muss man sich überlegen, ob man sie entweder zu Hause versorgen lassen oder sie außer Haus privat oder in einer Katzenpension unterbringen kann. Die Vor- und Nachteile aller dieser Möglichkeiten sollen hier zur Sprache kommen.

Die Katze bleibt zu Hause

Diese Möglichkeit bietet sich dann an, wenn Sie nur wenige Tage weg sind und andere Familienmitglieder, ein Freund oder ein zuverlässiger Nachbar die Betreuung übernehmen können. Besonders wenn Sie zwei Katzen haben, ist dies fast die ideale Lösung, denn sie leisten sich gegenseitig während der Zeit des Alleinseins Gesellschaft. Bei einer Einzelkatze muss der Betreuer mehr als nur füttern, Wasser wechseln und Kistchen reinigen. Spiel- und Schmusestunden sind unerlässlich für die kontaktfreudigen Schlankformkatzen: diese extra Zeit

Wer auf Reisen geht, muss seinen Koffer richtig packen.

sollte der Betreuer also unbedingt mitbringen. Besser noch wäre es, wenn ein Freund bei ihnen einziehen könnte: nicht nur ihre Katze hätte Gesellschaft, auch ihre Wohnung wäre für die Zeit ihrer Abwesenheit nicht verlassen.

Kann eventuell in ihrem Freundes- und Bekanntenkreis niemand diese Aufgabe übernehmen, gibt es noch die Möglichkeit, über den Tierarzt oder das Tierheim Kontakt zu Catsitter-Clubs aufzunehmen.

Katzenpension oder private Pflegestelle

Alle Katzen reagieren empfindlich gegenüber Veränderungen. Die Katze für einige Zeit wegzugeben, verursacht ihr sehr viel Stress, der wiederum zu verminderter Abwehrkraft gegenüber gefährlichen Infektionskrankheiten führen kann. Aus diesem Grund sollte man sich bei der Wahl des Urlaubspflegeplatzes vorher sorgfältig informieren. Das Risiko ist am geringsten, wenn ihre Katze alleine bei einer **privaten Pflegeperson** zu Hause untergebracht ist.

Eventuell hat der **Züchter** ihres Lieblings die Möglichkeit, ihn solange aufzunehmen. Diesen Punkt können Sie schon beim Kauf klären; mancher Züchter wird ihnen diese Frage nach der Urlaubsversorgung von sich aus stellen. Nimmt er von ihm selbst gezüchtete Katzen in Pflege, verlangt er selbstverständlich gültige Impfungen und eventuell Bluttests, um seine eigenen Katzen keinem unnötigen Risiko auszusetzen. Er wird auch zu diesem Zeitpunkt keine anderen Pflegekatzen aufnehmen, was für Sie bedeutet, dass Sie sich frühzeitig mit ihm terminlich absprechen müssen. Oft bieten Züchter einen niedrigeren Pflegepreis an als Katzenpensionen.

Jede Art der Gruppenunterbringung von verschiedenen Pfleglingen aus unterschiedlichen Haushalten verbietet sich von vornherein. Auch bei separater Unterbringung in Käfigen innerhalb eines Raumes einer **Katzenpension** ist ganz offensichtlich Tröpfcheninfektion nicht ausgeschlossen, in schlecht durchdachten Anlagen ist sogar Körperkontakt durch die Gitter möglich, eine riskante Sache also.

Das **Tierheim** sollte für die Urlaubsbetreuung für Katzen nicht in Betracht gezogen werden, denn dort herrscht reger Tierverkehr. Viele Tiere, die krank sind oder Ungeziefer haben, werden im Tierheim aufgenommen. Die Gesundheitsgefährdung ist, trotz aller Quarantäne- und Vorsichtmaßnahmen des Personals ungleich höher, zusätzlich zur psychischen Belastung für unsere aufgeweckten Orientalen.

Für ein Spielchen sollte immer Zeit sein – auch während des Urlaubs.

49

Wo auch immer Sie ihre Katze unterbringen, geben Sie in jedem Fall Folgendes mit: Urlaubsadresse und Telefon, Impfpass, gegebenenfalls Medikamente mit Dosierungs- und Eingabeanweisungen, einige vertraute Dinge wie Schlafkörbchen, Lieblingsspielzeug und etwas von ihnen, wie ein getragener Pullover.

Achten Sie darauf, dass Sie eine Pension finden, die Katzen aus verschiedenen Haushalten in getrennten Räumen unterbringt. Es müssen absolut hygienische Bedingungen herrschen, es darf keine Möglichkeit zum Beriechen, Belecken oder gar Anniesen bestehen und Futtergeschirr, Katzentoiletten, Streuschaufeln sollten getrennt verwendet und desinfiziert werden.

Die wenigsten Katzenpensionen werden diesen Anforderungen gerecht. Eher noch wird man in einer Tierklinik oder Tierarztpraxis mit angeschlossener Pflegestation mit solchem Hygienestandard rechnen können, zusätzlich zur Sachkunde des betreuenden Arztes.

Samtpfote geht mit auf Reisen

Rechte Seite:
Seal-Tabby-Point-Siamese.

Wenn Sie es irgendwie einrichten können, sollten Sie ihren eleganten Stubentiger mit auf die Reise nehmen. Siamkatzen fahren bei rechtzeitiger Eingewöhnung problemlos im Auto oder in der Bahn mit. Auch Schiffs- und Flugreisen überstehen sie unter den richtigen Voraussetzungen ohne große Komplikationen. Bereiten Sie die Reise rechtzeitig und gut vor!

Das Wichtigste bei allen Reisen ist eine stabile, geschlossene **Transportbox**. Sie gibt der Katze unterwegs die psychische Sicherheit ihres eigenen kleinen Raumes, die sie als „natürlicher Höhlenflüchter" braucht.

Für Schiffs-, Zug- und Flugreisen sind solche Boxen zwingend vorgeschrieben und im eigenen **Auto** aus dem oben genannten Grund und der Sicherheit wegen absolut empfehlenswert. Bei einem Auffahrunfall

Checkliste für unterwegs
• **Impfpass**
• **Notfallapotheke**: ihr Tierarzt wird sie ihnen zusammenstellen.
• **geeigneter Transportbehälter**
• **Katzentoilette, Schaufel, Streu**
• **genügend vertrautes Futter**
• **stilles Mineralwasser**
• **Wärmflasche**, auch zur Kühlung bei heißem Wetter
• **Pflegeutensilien**: Bürste und Kamm
• **einige vertraute Dinge**: Schlafkorb, Spielzeug, Decke

50

Ein paar Hotelregeln:

- Rollige, laut nach dem Kater schreiende Katzendamen und spritzende Kater sind eine Zumutung für andere Gäste und das Hotelpersonal.
- Futterschalen und Katzentoiletten stellt man im Bad auf Fliesenboden oder auf Zeitungspapier.
- Informieren Sie das Hotelpersonal über die Anwesenheit ihres vierbeinigen Reisegefährten, damit weder der Zimmerservice noch ihre Katze unerwartete Schreckenserlebnisse haben.

Linke Seite: Ein ganzer Herr, der ausgewachsene Blue-Point-Balinesenkater.

würde ihre im Auto freie Katze wie ein Geschoss durch die Frontscheibe geschleudert.

Wenn Sie mit der **Bahn** reisen, fährt ihre Katze kostenlos, ebenso als „Handgepäck" im **Flugzeug** oder auf dem **Schiff** bei den Linien, die dies erlauben. Die jeweils geltenden Bestimmungen erfahren Sie bei den Reisegesellschaften – aber erkundigen Sie sich rechtzeitig, denn manchmal ist nur ein einziges Tier im Passagierraum des Flugzeugs erlaubt. Auch für den Transport ihres Schmusetigers im Frachtraum gelten besondere Bestimmungen. Lassen Sie sich darüber aufklären, denn der Frachtraum für Tiere muss beheizt, druckausgeglichen und schallisoliert sein.

Für **Auslandsreisen** gelten Einreisebestimmungen, die Impfungen, oft auch Gesundheitszeugnis oder sogar Quarantäne betreffen. Auskunft darüber erhalten Sie bei Tierärzten, Automobilclubs und den zuständigen Konsulaten.

Für kleine Wehwehchen tut die Notfallapotheke gute Dienste.

Manche Katzen entwickeln sich zu regelrechten Reiseprofis – ob im Auto, Wohnwagen, Ferienwohnung, Gästezimmer oder Hotel. Klären Sie für ihre Urlaubsunterkunft vorher ab, ob Sie ihren Liebling mitbringen dürfen. An fast allen Ferienorten gibt es Unterkünfte, die speziell auf menschliche und tierische Gäste eingerichtet sind.

Ernährung
und Gesundheit

Katzen jagen Beutetiere

Rechte Seite:
Frische Luft und Sonne
hilft Katzen, gesund zu
bleiben.

In der Natur verzehren Katzen ihre Beute im Ganzen, mitsamt Knochen, Fell und Federn. Auch der Darminhalt wird mitgefressen. Er besteht aus angedauten Pflanzen, Getreide und Früchten und enthält wertvolle Bestandteile, die eine Katze in geringen Mengen zusätzlich zu ihrer Hauptnahrung Fleisch benötigt. Im Darminhalt der meist pflanzenfressenden Beutetiere befinden sind unter anderem aufgeschlossene Kohlenhydrate, Vitamine, ungesättigte Fettsäuren und Spurenelemente.

Für unser menschliches Empfinden wäre es allerdings etwas hart, unseren Katzen ihre Hauptnahrung in der freien Natur, Mäuse nämlich – am besten lebend, ins Näpfchen zu legen. Die meisten gezüchteten Katzen würden wahrscheinlich nicht einmal wissen, was sie damit anfangen sollen, denn sie werden schon im Mutterleib auf das Futter geprägt, das die Mutter frisst. Das ist bei vielen Säugetieren so und garantiert, dass das Jungtier bei der Umgewöhnung auf feste Nahrung instinkiv das richtige Futter wählt. Katzenkinder von Müttern, die nie rohes Fleisch bekommen haben, sind als Jungtiere noch daran zu gewöhnen. Will man sie als ältere Katzen damit füttern, wird das kaum gelingen.

Wichtig bei der Ernährung ist, dass die Zusammensetzung und die Konsistenz des Futters, das wir dem Zimmerpanther geben, möglichst nahe an die des natürlichen Beutetieres herankommt. Darauf sind Darmtrakt, ihr Gebiss und auch das Wohlbefinden der Katze beim Fressen von Natur aus eingestellt. Fertigfutter ist im Allgemeinen in der Zusammensetzung aller Nährstoffe genau auf den Bedarf der Katze abgestimmt. Die Konsistenz allerdings und der Ursprung der einzelnen Bestandteile haben wenig mit jenen der natürlichen Beute gemeinsam. Selbstgemachtes Futter und rohes Fleisch kommen der natürlichen Nahrung näher, allerdings muss man für Abwechslung und das richtige Verhältnis zwischen Fleisch und pflanzlichen Zutaten sorgen. Katzen haben einen weitaus höheren Proteinbedarf als Hunde, deshalb können sie auch nicht ausschließlich mit Hundefutter ernährt werden, ohne Mangelerscheinungen davonzutragen.

54

Orientalischen Katzen haben durch ihre im Verhältnis zum Körpervolumen große Körperoberfläche und ihre generell größere Aktivität einen höheren Energiebedarf als andere, gedrungenere Katzenrassen.

Der Darmtrakt der fleischfressenden Stubentiger ist relativ kurz mit starken Verdauungsenzymen und damit perfekt auf die Verarbeitung sehr gehaltvoller Nahrung eingestellt. Sie benötigen dementsprechend mehr oder gehaltvolleres Futter. – Schließlich muss ein Rennpferd auch anders gefüttert werden als ein Pony.

Orientalische Katzen trinken von Natur aus mehr Wasser als andere Rassen; auch das hängt mit ihrem erhöhten Grundumsatz und dem starken Instinkt für das lebensnotwendige Nass zusammen, den Tiere wärmerer Klimazonen besitzen.

Nahrungsmittel für Katzen

* **Nassfutter:** Nassfutter wird in Dosen oder Schalen im Handel angeboten und ist bei Katzen sehr beliebt. Am besten sind Produkte ohne Zucker, Malz, Soja und ohne Farb-, Konservierungs- und Lockstoffe, weil diese zu Durchfall führen und sogar Allergien auslösen können. Außerdem machen manche Zusatzstoffe das Futter nur für uns Menschen appetitlicher.

Nass- und Trockenfutter für Katzen sind in großer Auswahl erhältlich.

* **Trockenfutter:** Hochwertiges Trockenfutter gibt es in vielen Varianten und für jeden Lebensabschnitt und Gesundheitszustand der Katze. Eine ausschließliche Ernährung damit ist dann möglich, wenn das Tier dabei wirklich ausreichend Flüssigkeit aufnimmt. Zu geringe Flüssigkeitsaufnahme und die Zusammensetzung von Trockenfutter können wahrscheinlich das Risiko für die Bildung von Harn-

grieß erhöhen. Das Futter muss vom Gehalt
bestimmter Mineralstoffe zueinander ausgewogen
sein. Auf keinen Fall sollte zu viel Kochsalz enthalten sein, um den Durst zu erhöhen und damit
die Wasseraufnahme zu gewährleisten. Ihr Tierarzt kann Sie in dieser Hinsicht beraten.
Gute Futtermittelmarken sind oft teurer und
durch ihre hohe Verdaulichkeit sehr sparsam im
Verbrauch, aber sie sind nicht unbedingt besser,
wie Untersuchungen immer wieder zeigen.
Trockenfutter hat außerdem noch einen nützli-
chen Effekt auf die Zahnpflege: die harte Konsistenz beansprucht
Zähne und Kaumuskulatur und hält sie damit gesund.

- **Halbtrockenes Futter**: Halbtrockenes Futter ist relativ neu in den
  Futterregalen. Man sollte dabei auf dieselben Dinge achten wie beim
  Nassfutter.

Alle bisher genannten Futtermittel werden industriell hergestellt. Sie
unterliegen strengen Richtlinien, was die Qualiät der Ausgangsprodukte und zulässige Mengen bestimmter Rückstände betrifft. Bei der
Zusammensetzung der Nährstoffe richten sich die Hersteller nach den
wissenschaftlichen Erkenntnissen über den Bedarf der jeweiligen
Haustierart. Ausgangsprodukte sind vor
allem Schlachtabfälle und viele andere
Nebenprodukte aus der Lebensmittelindu-
strie. Dazu kommen eine Reihe von
Zusatzstoffen zur Ergänzung (Vitamine,
Spurenelemente), Haltbarmachung (besonders der Fette) oder zur Verbesserung
des Geschmackes, der Konsistenz oder
Verarbeitungsfähigkeit des Futtermittels.

- **Milch und Milchprodukte**: Frische
  Milch eignet sich nicht als Getränk für
  Katzen. Der Milchzucker (=Laktose)
  kann bei erwachsenen Katzen Durchfall verursachen. Es gibt deshalb spezi-

elle laktosereduzierte Katzenmilch, die gut verträglich ist. Milch ist
aber ein Nahrungsmittel und kein Durstlöscher. Katzenkinder profi-
tieren sehr vom täglichen Zusatz an Katzenmilch auf dem Speiseplan, sie ist Kalkspender für das Knochenwachstum und eine gute
Quelle von leicht verdaulichem Eiweiß. Erwachsene, insbesondere
kastrierte Tiere ohne körperliche Belastung, lieben Katzenmilch,
könnten jedoch schnell ein wenig zu dick werden, wenn man den
Speiseplan nicht dafür an einer anderen Stelle reduziert. Fermen-

Quark ist ein belieb-
tes und gesundes Futter
für Miezen.

> Wenn Sie mit einer bestimmten Futter-
> sorte gute Erfahrungen gemacht haben
> – ihre Katze verträgt das Futter gut,
> trinkt genug, frisst es gern, der Kot ist
> in Ordnung und hat keinen untypischen
> Geruch und vor allem, sie ist fit wie ein
> Turnschuh und hat super glänzendes
> Fell – dann haben Sie das richtige
> Trockenfutter gefunden.

57

tierte Milchprodukte wie Joghurt, Hüttenkäse und Quark sind für Katzen sehr gut verträglich, gesund und können abwechselnd mit anderem Futter als Einzelmahlzeit auch ein Leben lang gegeben werden.

- **Selbst zubereitetes Futter:** Selbst gemachtes Futter muss für unser kleines Raubtier zu drei Viertel aus Fleisch, Fisch, Geflügel oder Eiern bestehen. Ein Viertel setzt man als aufgeschlossene Kohlenhydrate in Form von vorgekochtem Reis, Haferschleim oder Maisgrieß zu.

  Fleisch für Katzen soll von der Qualität her für den menschlichen Verzehr geeignet sein. Rohes Schweinefleisch und rohes, gemischtes Hackfleisch allerdings kann ein tödliches Virus (Aujetzky`sche Krankheit) auf die Katzen übertragen. Wenn Schweinefleisch gefüttert wird, muss man es deshalb immer gut durchkochen. Schweinefleisch enthält sehr viel Taurin, einen für die Katze lebensnotwendigen Stoff.

  Das Fleisch von Rind, Lamm, Pferd, Kaninchen und Wild ist gut geeignet für Katzen. Wenn es frisch und tadellos ist, kann es ohne Bedenken roh gefüttert werden; es ist von großem Nutzen für das Immunsystem der Katze. In der Natur verzehrt sie ihr Beutetier auch roh, ihr Verdauungssystem ist darauf eingestellt, weil es die Eiweissstoffe erkennt.

  An größeren Knochen und Gräten können sich Katzen Verletzungen im Maul und Verdauungstrakt zuziehen, deshalb entfernt man sie aus dem Fleisch, bevor das Futter zubereitet wird.

  Selbst zubereitetes Futter sollte in Maßen mit einem Multivitamin- und Mineralpräparat angereichert werden. Entsprechende „Katzenkochbücher" geben Auskunft über die Herstellung ausgewogen zusammengesetzter Mahlzeiten für unsere schnurrhaarigen Leckermäuler. Der Tierarzt kann Sie in diesem Punkt ebenfalls gut beraten.

- **Nahrungsergänzungen:** Vitaminhefeflocken, Trockenfisch oder Knabberkrusten sind als Leckereien und Belohnungen geeignet, allerdings nicht im Übermaß. Halten Sie sich an die Dosierungsempfehlungen der Hersteller. Für Menschen gedachte Süßigkeiten sind ungesund und schaden mehr als sie nützen. Außerdem können sie Stoffe enthalten, die für Katzen sehr giftig sind, wie beispielsweise das Theobromin in Kakao und Schokolade.

- **Wasser:** Dies ist das Hauptgetränk der Katze. Wasser in guter, frischer Qualität muss jederzeit zugänglich sein. Bei einem richtig großen „King Size"-Behälter stoßen Katzen mit den Schnurrhaaren nicht an den Rand, wenn sie trinken. Enge Behälter sind nicht so beliebt – dafür wird aber schon mal aus der Blumengießkanne

TIPP
Schweinefleisch, Fisch und Geflügel soll nur abgekocht verfüttert werden, um die Gefahr der Übertragung von Parasiten und anderen Keimen auszuschließen.

getrunken. Diese sollten Sie deshalb für Katzen unzugänglich unterbringen – insbesondere, weil Düngerzugaben im Wasser der Katze nicht guttun. Wer das Gefühl hat, dass die Katze zu wenig trinkt, kann dem Trinkwasser mit etwas Fleischfond einen für Katzen attraktiveren Geschmack verleihen.

- **Katzengras:** Die schlanken orientalischen Katzen sind nicht allzu üppig behaart und neigen daher auch weniger zur Bildung von Haarballen (Bezoaren) im Verdauungstrakt, die bei Langhaarkatzen durch die Fellpflege leicht entstehen. Dennoch fressen sie gern Gras – oft auch, ohne sich danach zu erbrechen. Es ist ein uralter Instinkt vieler fleischfressender Säugetiere, dessen Ursache noch nicht vollständig verstanden wird. Gras- oder Getreidesaatmischungen zum Selberaussäen oder fertige Schalen mit verschiedenen Grasarten können Sie im Zoofachhandel kaufen. Manche Katzen kabbern auch gerne am Schittlauch oder Dill, den man für den Frischverbrauch in der Küche kaufen kann. Dieses Grünzeug darf nicht gespritzt sein!

Gras sollte für Katzen immer bereitstehen.

Wie oft und wie viel Futter?

Junge Katzen erhalten so viel Futter, wie sie mögen. Dies gilt auch für kranke und alte Katzen. Entweder man lässt stets ein hochwertiges Trockenfutter zur Selbstbedienung stehen oder man füttert vier- bis fünfmal am Tag. Hier eine bewährte Methode, die auch für Abwechslung in der Fütterung sorgt: man lässt Trockenfutter immer stehen, und es gibt zusätzlich Nassfutter, entweder aus der Dose, frisch oder selbst zubereitet. Ausgewachsene Katzen sollten zweimal am Tag gefüttert werden. In der heißen Jahreszeit verdirbt Nassfutter rasch, lassen Sie bitte deshalb die Reste nicht stehen, bis sie Fliegen anlocken und sich schädliche Säuren darin bilden.

Im Gegensatz zu manchen Hunden überfressen sich Katzen nicht. Trotzdem können beispielsweise kastrierte Tiere, die etwas faul geworden sind, dicker werden.

Sollte ihre Katze gravierend **zu dick** sein, besprechen Sie das Problem mit ihrem Tierarzt. Er kann ihnen Diättipps geben oder ein spezielles Diätfutter empfehlen.

Im übrigen hat es noch keiner Katze geschadet, wenn zwischen den Futtergaben Pausen von einigen Stunden gemacht werden. Ständig

Futter zu sehen oder zu riechen stumpft die Sinne ab. Die Verdauungsorgane sollten nicht durch den Duft von Nahrung ständig aktiviert werden, sondern brauchen Phasen, in denen sie am Verdauungsprozess „arbeiten" können. Die nächste Mahlzeit wird dann mit um so größerer Vorfreude und Appetit erwartet! Außerdem werden die Katzen nicht so schnell wählerisch mit dem Futter werden – eine Eigenheit der Samt-

pfoten, die schon so manchen Besitzer zur Verzweiflung gebracht hat!

Wenn ihre Katze **abmagert**, bedenklich wenig Appetit hat oder überhaupt nicht mehr fressen will, ist dies immer ein Krankheitssymptom und umgehend mit dem Tierarzt abzuklären. Es kann eine Vielzahl von Ursachen dahinter stecken. So wichtig wie das Futter selbst ist die Form, wie es wieder zutage kommt. Normalerweise sind die festen Ausscheidungen unserer Katzen wohlgeformt, dunkel und ohne untypische Gerüche. Werden sie aber breiig, übelriechend, flüssig, zu oft oder mit Blähungen abgesetzt, kommt gar noch Erbrechen dazu, so ist in jedem Fall tierärztliche Hilfe angesagt. Es könnte sich um eine Infektion handeln, es mag aber

Hund und Katze brauchen verschiedenes Futter.

auch am Futter liegen. Schlechte Futtersorten oder Unverträglichkeit von bestimmten Bestandteilen im Futter können Katzen krank machen. Ist das Futter die Ursache solcher Probleme, hilft nur eine Ernährungsumstellung oder Diät.

Der Tierarzt – ihr wichtigster Partner

Wenn Sie sich eine junge Katze ausgesucht haben, werden Sie alles tun, dass ihr Liebling gesund bleibt. Regelmäßige Impfungen, Zahnkontrolle und Behandlung von Krankheiten, gehören in die Hände eines Tierarztes, dem Sie vertrauen.

Ein ganzes Katzenleben lang

Vor einigen Jahren noch stand die Siamkatze im Ruf, ein geradezu biblisches Alter zu erreichen. Zwanzig Jahre und mehr waren keine Seltenheit. Diese Zeiten sind leider vorbei. Die Siam wurden sehr konsequent auf ein ganz bestimmtes Aussehen hin gezüchtet und wie bei anderen Rassen auch, zeigen sich die Züchter des extremen Typs ebenso extrem uneinsichtig. Die hochgezüchteten Siamkatzen mit den äußerst kantigen Köpfen, übergroßen Ohren und äußerster Feingliedrigkeit werden selten älter als 10 bis 12 Jahre.

Stoffwechselentgleisungen, die nicht mehr zu heilen sind, Durchblutungsstörungen oder schnellwachsende, bösartige Tumore können aus ihrem alten Liebling in kurzer Zeit ein Häufchen Elend machen.

Lassen Sie ihr Tier dann nicht unnötig leiden; besprechen Sie mit ihrem Tierarzt die Aussichten und ziehen Sie noch den Züchter ihrer Katze hinzu. Züchter werden im Laufe der Zeit immer wieder mit solchen Dingen konfrontiert und können ihnen mit ihrer Erfahrung zur Seite stehen. Wenn zu erwarten ist, dass der Katze überwiegend schlechte Zeiten voller Schmerzen, Schwäche und Leid bevorstehen, sollten Sie das Tier einschläfern lassen. Der Tierarzt macht im Idealfall einen Hausbesuch bei ihnen. Das erspart ihrer Katze einen letzten traumatischen Transport in die Praxis, und sie wird in ihrer vertrauten Umgebung sanft und schmerzfrei von ihren Leiden erlöst.

> Im Gegensatz zu Hunden, die mit den Jahren schleichend grau und müde werden, bleibt die alte Katze lange bei konstanter, guter Kondition. Auch ein Spielchen hie und da wird nicht ausgelassen. Dann kann aber plötzlich alles sehr schnell gehen.

Gesundheitsvorsorge

Eine gesunde, an den Bedarf der Katze angepasste **Ernährung**, regelmäßige **Entwurmung** und sinnvolle **Impfungen**, **Zuwendung** und Abwechslungsreichtum im täglichen Leben, **Bewegung**, frische Luft und Sonne – das sind die Grundpfeiler, die ihre orientalische Katze fit und gesund erhalten.

Kontrollieren Sie das Allgemeinbefinden jeden Tag: den Appetit, Augen und Ohren, den Zustand des Fells und die Hinterlassenschaften im Katzenkistchen. Wenn irgendeine Unregelmäßigkeit festzustellen ist, beispielsweise Gewichtsverlust, verstärktes Trinken, aber auch alle anderen Auffälligkeiten – dann zögern Sie nicht, so bald als möglich tierärztlichen Rat zu suchen. Es kann sich immer um ernste Symptome handeln.

Für Notfälle sollten Sie eine kleine **Hausapotheke** anlegen. Der Tierarzt wird ihnen sagen, was Sie dazu brauchen. Lassen Sie sich von ihm zeigen, wie man beim Zimmerpanther Fieber misst. Die Normaltemperatur liegt bei Katzen um 38,5 °C. Abweichungen von mehr als 0,5 °C erfordern umgehend tierärztlichen Rat.

Mit Wattestäbchen werden die Ohren der Katze vorsichtig gereinigt.

Der Tierarzt kontrolliert bei jedem Besuch Mäulchen und Zähne. Sie sollten aber auch selbst regelmäßig bei ihrem Kätzchen das Gebiss überprüfen.

Eine **Gebisskontrolle** sollte dazugehören, um Entzündungen und Zahnstein festzustellen und den Zahnstein gegebenenfalls zu entfernen. Leider wird im Rahmen von Ausstellungen das Gebiss der Katzen selten kontrolliert, und die orientalischen Katzen haben nicht immer besonders gute Zähne. Bei der Zucht wurde auf diesen gesundheitlichen Aspekt, eben weil er auf Ausstellungen kaum beachtet wird, wenig Wert gelegt. Die Folge ist, dass bereits ziemlich junge Katzen oft fehlende Schneidezähne und eine Tendenz zu Zahnfleischentzündungen haben. Spezifische Antibiotika für die Maulhöhle bessern diesen Zustand nur vorrübergehend. Zähneputzen wäre besser, aber dann muss das Kätzchen früh daran gewöhnt werden, dass ihm regelmäßig mit einem getränkten Baumwollläppchen oder einem „Fingerling" Zahnfleisch und Zähne abgerieben werden. Der natürlichste Weg, die Zähne nicht nur sauber, sondern auch in Kondition zu halten, ist die regelmäßige Gabe eines größeren Stückes rohen Fleisches. Ein Stück Ochsenschwanz mitsamt Knochen ist ideal: den Knochen werden Sie blankgeputzt wiederfinden, und genauso blank sind dann auch die Katzenzähne!

Abwehrsteigernde Mittel wie Echinacea sind auch für ein gesundes Milieu in in der Maulhöhle hilfreich. Man gibt täglich für etwa zwei Wochen einige Tropfen ins Trinkwasser. Diese Kur kann nach einigen

Monaten widerholt werden. Am sinnvollsten ist allerdings, wenn man durch eine vernünftige Auswahl schon bei der Zucht darauf achtet, dass der Veranlagung für ein gutes Gebiss genauso viel Gewicht beigemessen wird wie jedem äußerlichen Schönheitsmerkmal.

TIPP Nach der Kastration legen manche Katzen vorübergehend an Gewicht zu. Das normalisiert sich von selbst wieder, wenn Sie die Futtermenge nicht erhöhen. Kastrierte Tiere brauchen etwas weniger Futter.

Siamesen und Orientalen sowie ihre langhaarigen Verwandten können allesamt sexuell sehr frühreif sein. Liebhabertiere sollten auf jeden Fall rechtzeitig kastriert werden, aber auch Zuchttiere werden meist spätestens dann kastriert, wenn man mit ihnen nicht mehr züchtet. Das erspart den Tieren – und dem Besitzer – eine Menge Stress. Durch die Kastration werden Kater und Kätzinnen ruhiger und anhänglicher, verlieren aber nicht ihren menschenbezogenen Charakter, ihre Spielfreude und ihre Lebhaftigkeit. Der Tierarzt wird ihnen sagen, wann der beste Zeitpunkt für die Kastration gekommen ist. Meist sind die Tiere dann zwischen einem dreiviertel und einem Jahr alt.

Kastrierte Balinesen und Javanesen können nach einiger Zeit ein flauschigeres Fell bekommen, das sie auch für den Rest ihres Lebens behalten.

Impfplan

Vor den ersten Impfungen ist es sinnvoll, über Bluttests auf FELV (Katzenleucose) und FIP (Feline Infektiöse Peritonitis) sicherzustellen, dass keine dieser Virusinfektionen vorliegt. Kann der Züchter ihnen die aktuelle Virusfreiheit der Elterntiere bescheinigen, so sind diese Tests beim Jungtier nicht nötig.

Jährliche Impfungen sind ein wichtiger Teil der Gesundheitsvorsorge.

Der Bluttest auf FIP ist leider nicht hundertprozentig sicher. Zum Testzeitpunkt wird nur der im Blut existierende Antikörpergehalt gegen ein Virus der Gruppe der Corona-Viren festgestellt. Dieses Virus kann möglicherweise bei einem empfänglichen Tier FIP auslösen, es kann sich aber auch um ein anderes Virus der Gruppe handeln, das nicht FIP auslöst. Bei einem gesunden Tier sagt ein Antikörpertiter deshalb nichts darüber aus, ob es je und wann es an FIP erkranken wird – das Ergebnis bestätigt nur, dass das Tier irgendwann mit einem Corona-Virus in Kontakt kam und eine Immunreaktion stattgefunden hat.

63

Die wichtigsten Krankheiten der Katze

Bezeichnung	Übertragung	Symptome	Testmöglichkeiten, Impfung	Heilungs- aussichten
Viruserkrankungen				
Katzenseuche (Panleucopenie)	von Tier zu Tier und über kontami- nierte Gegenstände	Erbrechen, Durchfall, rascher Verfall, Fieber, Austrocknung	Impfung	Heilung möglich
Katzenschnupfen	von Tier zu Tier und über kontami- nierte Gegenstände	Niesen, Ausfluss aus Nase und Augen, Schluckbeschwerden, Mundhöhlen- und Rachenentzündung, in schweren Fällen Fieber und Lungenentzündung	Impfung	Heilung möglich
FELV (Katzenleucose)	von Tier zu Tier und über Ausschei- dungen, auch Speichel	sehr mannigfaltig, u.a. Infektionsneigung, Tumorbildung, Fruchtbarkeitsstörungen, „chronische Kümmerer"	Bluttest, Impfung bei Virusfreiheit reduziert Infektionsrisiko	keine, wenn Krankheit aus- gebrochen ist
FIP (Feline Infektiöse Peritonitis)	von Tier zu Tier, von der trächtigen Kätzin auf ungeborene Junge, über kontaminierte Gegenstände	diffus, insbesondere Fieber, allmählicher Verfall, Futterverweigerung, Störungen im Zentralnervensystem (Lähmungen, Krämpfe etc.), Flüssigkeitsansammlung in verschie- denen Körperhöhlen, multiple Entzün- dungsherde in inneren Organen	Bluttest, leider nicht 100%ig sicher, da ein Antikörpertiter bei einem kli- nisch gesunden Tier keinerlei Aus- sage erlaubt über die Wahrschein- lichkeit und den Zeitpunkt eines Aus- bruches der Krankheit, Impfung verfügbar	keine, wenn Krankheit aus- gebrochen ist
FIV (Katzenaids)	von Tier zu Tier, besonders durch Biss- und Kratzwunden, nicht auf den Menschen übertragbar	ähnlich dem FELV	Bluttest, keine Impfung verfügbar	keine
Andere Erkrankungen				
Endoparasiten	Würmer und Mikroorganismen ver- schiedenster Art und Übertragungs- weise, Bandwürmer z.B. über Flöhe	verschiedene gesundheitliche Probleme, je nach Parasit	Vorsorge und Behandlung durch den Tierarzt	gut
Ektoparasiten	Flöhe, Zecken, Milben etc.	verschiedene Hautprobleme, je nach Parasit	Vorsorge und Behandlung durch den Tierarzt	gut
Pilzerkrankungen	Pilze verschiedenster Art, Übertra- gung von Tier zu Tier oder über Per- sonen, kontaminierte Gegenstände	haarlose Stellen, Borken, Schuppen, Krusten, mit oder ohne Juckreiz	Identifikation und Behandlung durch den Tierarzt, Impfung soll in näherer Zukunft verfügbar sein	gut

Auch das Abhören gehört beim Tierarzt-besuch zur Routine.

Die Grundimmunisierung erfolgt nach folgendem Zeitplan:

Zeitplan für Impfungen			
Krankheit	Grundimmunisierung 1. Impfung	Grundimmunisierung 2. Impfung	Wiederholungsimpfung
Tollwut	ab 12. Lebenswoche		jährlich
Katzenseuche	ab 8. Lebenswoche	3 Wochen später	jährlich
Katzenschnupfen	ab 8. Lebenswoche	3 Wochen später	jährlich
Chlamydien	ab 9. Lebenswoche	3 Wochen später	jährlich
FELV (Katzenleucose)	ab 9. Lebenswoche	3 Wochen später	jährlich
FIP (Feline Infektiöse Peritonitis)	ab 16. Lebenswoche	3 Wochen später	jährlich
Jährliche Wiederholungsimpfungen gewähren eine dauerhafte Immunisierung gegen diese Krankheiten.			

Zur Aufrechterhaltung eines dauerhaften Impfschutzes sind **Wieder-holungsimpfungen** in jährlichem Abstand notwendig.

Es gibt Kombi-Impfstoffe, so dass ihre Katze nur einmal „gepiekt" werden muss. Vor jeder Impfung wird der Tierarzt ihre Katze vorher genau untersuchen. Sie können die jährlichen Impfungen auf zwei Ter-mine aufteilen, damit die Samtpfote die Behandlung besser verkraftet.

65

Zucht und Genetik

Züchten – ein Hobby, das Zeit und Geld kostet

Rechte Seite:
Das faszinierendste an
der Foreign White sind
die tiefblauen Augen.

Fast jedem stolzen Besitzer einer weiblichen orientalischen Katze
kommt spätestens nach der ersten sehr lautstarken Rolligkeit seiner
jungen Katzendame der Gedanke, einmal von ihr einen Wurf großzuziehen. Vielleicht kam auch im Bekanntenkreis zur Sprache, dass zur
gesunden Entwicklung einer weiblichen Katze ein einmaliger Wurf
gehöre. Dieser Glaube hält sich hartnäckig, obwohl er, tiermedizinisch
betrachtet, nicht zu belegen ist. Vielmehr hat sich gezeigt, dass eine
sehr frühzeitige Kastration, am besten noch vor Beginn der Geschlechtsreife, das Risiko für Gesäugekrebs stark verringert.

Orientalischen Katzen stehen im Vergleich zu anderen Rassen unter
sehr großen Hormonmengen. Die Rolligkeiten der Kätzinnen gleichen
in Lautstärke und Verhalten einem wahren Naturereignis. Sie sind
kombiniert mit launenhaften Stimmungsschwankungen, die die Kätzin
viel Energie und den Besitzer Nerven kosten können. Trächtigkeit und
Geburt können mit weiteren Risiken verbunden sein – gesundheitliche
Vorteile sind dadurch jedenfalls nicht zu erwarten. Es sind Belastungen, für die die Katzen zwar von Natur aus eingerichtet sind, die aber
auch zu einer kürzeren Lebenserwartung der Katze führen können.

Daneben sollte man die eigenen Belastungen nicht unterschätzen,
die mit der Aufzucht eines Wurfes verbunden sind. Urlaub und
Anschaffungen sind einzuschränken, wenn nicht sogar für einige Zeit
ganz zu streichen. Komplikationen durch Entbindung per Kai-
serschnitt, gesundheitliche Probleme von Muttertier und
Jungtieren müssen sowohl zeitlich wie auch finanzi-
ell eingeplant werden – alles in allem ein teures
Hobby, das nicht wie ein Surfboard bei Unlust
oder Geldmangel in die Garage gestellt
werden kann. Wer jedoch bereit ist, dies
alles nach reiflicher Überlegung in Kauf
zu nehmen, der wird natürlich auch
belohnt wird durch viele schöne
Erlebnisse von der Geburt an über
das Heranwachsen der Katzenkinder.

Orientalische Katzen
sind liebevolle Mütter.

66

■ Mama lässt auch größere Katzenkinder noch an die Milchbar.

Sechs Fragen an den angehenden Züchter

Ist ihre Katze zuchtgeeignet
Vor jedem Zuchtvorhaben steht eine gründliche Untersuchung durch den Haustierarzt: Ist die Kätzin gesund, in bester Kondition (lieber ein wenig moppelig als zu dünn!), ist sie ihrem Alter entsprechend normal entwickelt, frei von erblichen Defekten, sind Herz, Leber und Nieren einwandfrei und ist ihr Sexualzyklus normal und unauffällig? Dann sind die physischen Voraussetzungen erfüllt.
Durch eine Vorstellung ihrer Kätzin in der „Offenen Klasse" bei einer Katzenausstellung können Sie feststellen, ob sie dem Zuchtstandard der Rasse entspricht. Die Note „vorzüglich" sollte dabei mindestens erreicht werden, wenn Sie verantwortungsvoll züchten wollen.

Der passende Kater
Der Partner für ihre Kätzin sollte groß und kräftig, zugleich aber enorm freundlich und ausgeglichen sein. Für Kater gelten auf Ausstellungen höhere Anforderungen – zu Recht, denn schließlich können Sie ja wesentlich mehr Nachkommen erzeugen als Kätzinnen. Am besten sollte der zukünftige Katzenvater sich auf Ausstellungen auch typmäßig wiederholt gegen die Konkurrenz bewährt haben. Dies wird beispiels-

68

weise durch den Siegertitel „Champion"
bei seinem Namen bestätigt.

Bevor Sie ihn aber mit ihrer rolligen
Kätzin besuchen, sollten Sie sich in jedem
Fall vergewissert haben, dass er in optima-
len Bedingungen lebt (siehe dazu S. 27).

Haben Sie genug Platz
Einen Wurf Katzenkinder kann man nicht
so einfach zwischen Bett und Tisch oder
in Küche und Keller aufziehen. Ein
„Katzenkindergarten" sollte folgende
Bedingungen erfüllen: einerseits sollen
die Jungen sich ungestört, frei und sicher
entwickeln können – nicht im Durcheinander mit Kindern, Haustieren
und den im Haushalt üblichen Durchgangsverkehr. Andererseits aber
muss vom ersten Lebensmoment an liebevoller Kontakt zum Menschen
bestehen. Können Sie ihrer zukünftigen Katzenmama dies bieten?

Wird es der Katzen-
mutter zu unsicher, zieht
man einfach um!

Haben Sie genug Zeit
Nach einer Tragzeit der Mutterkätzin von 63 bis 69 Tagen ist mit der
Geburt zu rechnen. Durchschnittlich kommen die Babys um den 65. Tag
zur Welt. Der Zeitraum, in dem man sich nichts mehr vornehmen sollte,
beginnt aber schon um den 60. Tag. Man lässt die werdende Katzenmama nicht mehr länger allein und hat den Tierarzt ist von der
bevorstehenden Geburt informiert.

Auch die Wochen nach der Geburt verlangen viel Zeit, Arbeit und
Aufmerksamkeit. Kann man sich Urlaub nehmen, um sich mit Muße der
Geburt und Aufzucht widmen zu können, ist das die beste Lösung. Stellen Sie sich vor dem Züchten die Frage, ob Sie dies mit Beruf und Familie vereinbaren können.

Können sie den finanziellen Aufwand tragen
Mutter und Jungtiere benötigen allerbestes Futter. Tierarztkosten für
Vorsorge, eventuell Geburtshilfe oder -nachsorge, Entwurmungen, Imp-
fungen oder die Behandlung von Krankheiten fallen während dieser Zeit
an. Die Deckgebühren für den Kater kosten zwischen 300 und 800 DM.
Sie werden bald merken, dass die Aufzucht der Katzenkinder viel mehr
Geld gekostet hat, als Sie durch den Verkauf zurückbekommen.

Sind Sie emotional belastbar
Eine seltsame Frage? Durchaus nicht! Das Katzenbabyglück hat nicht
nur Schokoladenseiten – es können sehr traurige Ereignisse passieren.

69

Es kann Totgeburten geben und Jungtiere und Mutterkatze können schwer erkranken oder gar sterben – auch darauf müssen Sie seelisch vorbereitet sein. Im glücklichsten Fall, wenn alles normal und glatt gegangen ist, stehen Sie der Tatsache gegenüber, dass Sie sich von manchen ihrer kleinen Schmusekätzchen durch den Verkauf trennen müssen. Vor dem Abschied ist außerdem Geduld und Stehvermögen gefordert, wenn es darum geht, wirklich die allerbesten Plätze für ihre Zöglinge zu finden.

Bitte seien Sie ehrlich sich selbst gegenüber. Müssen Sie nur eine einzige dieser Fragen mit „Nein" beantworten, sollten Sie ihr Zuchtvorhaben aufgeben. Es ist eine sehr ernste Entscheidung, hinter der man von Anfang bis Ende voll und ganz stehen muss.

Etwas Genetik muss sein

Sinnvoll und geplant, also mit genetischem Hintergrundwissen Katzen zu züchten, ist keine leichte Aufgabe – aus Begeisterung für die eigene Katzenrasse verliert der Liebhaber leicht aus den Augen, dass nur mit wenigen Jungtieren weitergezüchtet kann, die anderen aber gut untergebracht werden müssen. Bei beliebten Rassen ist das nicht so schwierig, aber wenn eine Rasse weniger Freunde hat, muss langsamer und weniger gezüchtet werden.

Folgendes Fachwissen ist gefragt

- das Wissen um die Herkunft und die speziellen körperlichen und mentalen Bedürfnisse seiner Katzenrasse in der Haltung und in der Ernährung,
- das Wissen um Fortpflanzung und Entwicklung der Nachkommen,
- das Grundwissen über die Vorgänge bei der Vererbung.

Ohne dieses Wissen ist keine sinnvolle Planung der Zucht möglich – man würde allenfalls Tiere vermehren.

Wir wollen hier die wichtigsten Regeln der Genetik vorstellen und auch, wie man damit umgehen kann, ohne zu sehr ins Wissenschaftliche gehen zu müssen. Das bedeutet allerdings, dass viele Sachverhalte sehr vereinfacht dargestellt sind. Manche Fragestellungen können hier überhaupt nicht erklärt werden. Der Interessierte sollte sich in komplizierteren Fällen in die Fachliteratur vertiefen oder erfahrene, in der Genetik versierte Züchter befragen.

Vererbungslehre oder **Genetik** ist ein Forschungsgebiet der Biologie, das sich damit beschäftigt, wie Eigenschaften und Merkmale von Lebewesen (**Erbanlagen** oder **Gene**) von Generation zu Generation weitergegeben werden. Die theoretischen Erkenntnisse geben uns in der Praxis die Möglichkeit, bei der Zucht von Tieren und Pflanzen gezielt vorzugehen, das heißt, Schwächen und Erbkrankheiten zu vermeiden und bestimmte Erscheinungsbilder sozusagen nach bestimmten Vorstellungen zu züchten. Auch für den Katzenzüchter ist die Genetik das „Handwerkszeug" bei der Zuchtplanung.

Was sind Gene?

Jeder Organismus, auch die Katze, besteht aus vielen winzigen, hochkomplizierten Einheiten, den **Zellen.** Diese sind die Grundbausteine des Körpers. Jede einzelne Zelle kann sehr viele Funktionen erfüllen, weil sie über die gesamte „Lebensinformation" verfügt. Im Organismus sind die Zellen innerhalb in verschiedenen Organen zusammengefasst, wo sie jeweils nur bestimmte Aufgaben ausführen.

Die „Lebensinformation" sitzt chemisch verschlüsselt im **Zellkern** in Form von Untereinheiten, den **Chromosomen.** Das sind fadenförmige Gebilde, auf denen die Einzelinformationen für den Bau und die Funktion des ganzen Organismus „aufgeschrieben" sind. Diese Informationen werden **Gene** genannt.

Je nachdem, wo die Zelle liegt, werden ganz bestimmte Informationen abgerufen und ausgeführt. In einer Hautzelle sind unter vielen anderen die Gene für Haarfarbe und Fellstruktur aktiv, eine Leberzelle dagegen benutzt Gene zum Aufbau bestimmter Enzyme, die zur Entgiftung nötig sind.

Zellkern

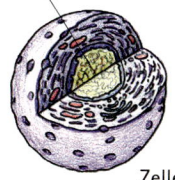

Zelle

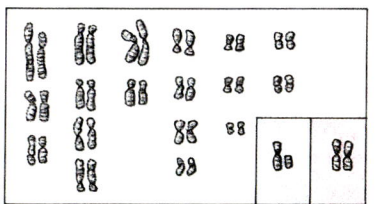

Das große Feld zeigt die Autosomen der Katze. Im kleinen Feld sind die Geschlechtschromosomen dargestellt: links die XY-Chromosomen des Katers, rechts die XX-Chromosomen der Katze. Alle Chromosomen befinden sich im Zellkern.

Alle Katzen – vom Löwen bis zu den Hauskatzen – besitzen in jeder Zelle 38 Chromosomen; einzige Ausnahme ist die Tigerkatze (*Felis tigrina*) mit 36 Chromosomen. Auf den Chromosomen ist die gesamte Erbinformation gespeichert. Jeweils 19 davon stammen von jedem

71

Wildzeichnung
(geticktes Tabby)

Tupfen
(spotted Tabby)

Streifen
(mackerel Tabby)

Räderzeichnung
(classic Tabby)

Elternteil. Die Erbinformation ist also doppelt in Form von sich einander entsprechenden Chromosomenpaaren vorhanden. Die sich entsprechenden Chromosomenpaare werden auch **homologe Chromosomen** oder **Autosomen** genannt. Ein einziges Paar bildet eine Ausnahme: die **Heterosomen** oder **Geschlechtschromosomen**.

Das weibliche Chromosom wird mit X bezeichnet, die Kätzin besitzt davon zwei. Das männliche Chromosom wird mit Y bezeichnet, und der Kater besitzt ein X- und ein Y-Chromosom.

Der **Genotyp** eines Lebewesens ist die Gesamtheit aller Gene oder Einzelmerkmale. Die sichtbare Ausprägung im äußeren Erscheinungsbild, wie unter anderem Körperbau, Augenfarbe, Haarstruktur und Fellfarbe, bilden den **Phänotyp** eines Individuums.

Einzelne Gene, die man kennt – und das sind bei weitem die wenigsten – werden mit Buchstaben gekennzeichnet. Bei unseren Katzen kennen wir die meisten Gene für Fellfarbe und -zeichnung, Haarlänge und -struktur, sowie einige für erbliche körperliche Deformationen oder Stoffwechselstörungen. Sie wurden seit Beginn dieses Jahrhunderts mit dem Aufblühen der Katzenzucht und dem bereits vorhandenen Wissen über die Vererbungsmechanismen nach und nach entdeckt.

Gene, die das äussere Aussehen aber auch körperliche Eigenschaften bestimmen, sind für den heutigen Katzenzüchter von Bedeutung.

Bei jedem Chromosomenpaar der Katze entsprechen sich die beiden homologen Chromosomen genau in Art, Anzahl und Reihenfolge der

---

Die Fellfarben

- **Agouti** ist die Bezeichnung für **Wildfarbe** bei Katzen, die als Tarnzeichnung in der Natur vorkommt. Sie zeigt sich als dunkle Tupfung, Tigerstreifen, Rosetten oder Maserung auf hellerem Untergrund. Dabei wird das Pigment im Haar nicht gleichmäßig verteilt, sondern in einzelnen dunklen Bändern eingelagert. Die helleren Bänder dazwischen sind gelblich bis bräunlich. Der äußere Umriss des Tieres wird optisch aufgelöst. So ist es in seiner Umgebung von Feind oder Beutetier nicht mehr leicht zu erkennen.

- Die verschiedenen Musterungen, in denen sich die Wildfarbe zeigt, nennt man **Tabby.** Die Gene für die verschiedenen Muster bezeichnet man mit T, T^a und t^b (siehe Tabelle Fellgene S. 80). Jede Katze besitzt Tabby-Gene, aber sie wird nur dann das Tabby-Muster zeigen, wenn sie dazu noch das Agouti-Gen A trägt.

- Trägt ein Tier kein Agouti-Gen (aa), wird sein Fell auch keine Tabby-Musterung zeigen: es ist einfarbig. Aus dem Englischen kommt die Bezeichnung **Self** für diese Tiere ohne Wildfarbe.

Gene, die darauf verschlüsselt liegen. Den Platz eines bestimmten Gens auf dem Chromosom nennt man **Genort**.

Orientalisch-Kurzhaar-Kätzin in Seal-Tortie-Tabby.

Einander entsprechende Gene, die jeweils auf demselben Genort der beiden Chromosomen eines Paares liegen, bezeichnet man als **Allele**. Sitzt bei einem Tier beispielsweise auf beiden homologen Chromosomen das Gen A für Agouti (Wildfarbe), so ist das Tier **reinerbig** (AA) für dieses Allel. Das bedeutet, dass es nur das Gen A an seine Nachkommen vererben kann. Ist jedoch das eine Allel A und das andere a (ohne Wildfarbe), dann ist das Tier **mischerbig** (Aa) für dieses Allel. Es kann sowohl das Gen A wie auch das Gen a an seine Nachkommen weitergeben.

Mutationen: veränderte Gene

Wenn ein Gen dauerhaft verändert ist und sich so weitervererbt, nennt man dies eine **Mutation**. Sie steuert zwar immer noch dasselbe Gen, führt aber zu einer anderen Ausprägung. Ein Beispiel ist die Mutation des Agouti-Gens A nach a (Nicht-Agouti). a (Nicht-Agouti) bedeutet Schwarz einfarbig, denn das Grundpigment in der Natur ist das schwarze Melanin. Gesteuert wird diese Farbe durch das Gen B, das in Kombination mit a das Pigment im ganzen Haar verteilt, in Kombination mit A jedoch das Pigment in Bändern im Haar ablagert. Schwarze Tiere bei Leoparden (man nennt sie dann Panther) und Servalen tragen diese Mutation des Agouti-Genes reinerbig.

Ein weiteres Beispiel für mutierte Gene ist die Serie: B = Schwarz, b = Chocolate, b^l = Cinnamon. Die Mutationen b und b^l beeinflussen die Pigmentierung im Haar gegenüber dem Ursprungs- oder Wildtyp-Gen A so, dass aus Schwarz Braun oder Zimtfarben wird. Diese Serie von Mutationen ist für die Züchter orientalischer Katzen deshalb interessant, weil sie ursprünglich in der Siamkatze (b) und in der Abessinierkatze (b^l) ent-

73

standen sind. Die daraus resultierenden Farben Chocolate, Lilac, Cinnamon und Fawn bilden eine Bereicherung der Farbpalette auch anderer Rassekatzen, in die diese Gene eingekreuzt wurden.

Merkmalbestimmende Gene nennt man **dominant**; sie treten auf jeden Fall sichtbar in Erscheinung, auch wenn sie nur von einem Elternteil her, also mischerbig vorliegen. Man bezeichnet dominante Gene mit Großbuchstaben. Meist sind die Wildtypgene dominant, die **Mutanten** rezessiv.

Beispiel: Agouti (Wildfarbe) A		
genetische Ausstattung	Bezeichnung	sichtbare Ausprägung
reinerbig	AA	Tabby
mischerbig	Aa	Tabby
rezessives Gen, reinerbig	aa	einfarbig ohne Tabby

Das **rezessive** Gen ist dem dominanten Gen unterlegen und tritt bei dessen Anwesenheit nicht in Erscheinung. Nur wenn es von beiden Elternteilen her, also reinerbig vererbt wurde, kann es zur sichtbaren Ausprägung kommen. Man bezeichnet rezessive Gene mit Kleinbuchstaben.

Wie werden Erbanlagen weitergegeben?

Ein neues Lebewesen entsteht aus der befruchteten Eizelle. Dazu muss bei der Paarung zweier Elterntiere eine väterliche Samenzelle mit einer Eizelle der Mutter verschmelzen. Die befruchtete Eizelle und alle daraus entstehenden Körperzellen teilen sich so, dass jede neue Zelle wieder den gesamten doppelten Chromosomensatz enthält. Diese Art der Zellteilung nennt man erbgleiche Teilung (**Mitose**). Das gesamte Erbmaterial wird vor der eigentlichen Zellteilung identisch verdoppelt und dann an die beiden Tochterzellen in gleicher Ausstattung weitergegeben. Das Körperwachstum und die Zellerneuerung verlaufen über den Weg der Mitose.

Keimzellen jedoch, also Ei- und Samenzellen, entstehen auf einem anderen Weg der Zellteilung, der Reduktionsteilung (**Meiose**). Dabei wird der Chromosomensatz halbiert. Dies verhindert die Verdoppelung des Chromosomensatzes in jeder neuen Generation.

Die Keimzellen der Katze enthalten also jeweils 19 Einzelchromosomen, erst die befruchtete Eizelle hat dann wieder den kompletten Satz von 38 Chromosomen. Während der komplizierten, in mehreren Stufen ablaufenden Meiose werden nicht nur die Chromosomenpaare getrennt, sondern es können auch Chromosomenstücke ausgetauscht

werden. Dies führt zu einer zufallsgesteuerten Umordnung und Durchmischung der Gene in jeder Generation. Aber auch die Gene aller zurückliegenden Generationen und eine große Vielfalt an Variationsmöglichkeiten in der Zusammensetzung der Gene bleibt auf diese Weise erhalten. So ergeben sich immer neue Spielräume für die Entstehung besser angepasster Individuen einer Art.

Ebony-Orientale –
rein schwarz.

Gesetzmäßigkeiten bei der Vererbung

Der böhmische Mönch Gregor Mendel fand Mitte vorigen Jahrhunderts bei Pflanzen heraus, dass die Vererbung bestimmter Eigenschaften in konstanten Zahlenverhältnissen geschieht. Das ist die konservative Komponente der Vererbung. Die andere, kreative Komponente besteht in der Zufallsverteilung der väterlichen und mütterlichen Gene bei der Entstehung der Keimzellen. Keine zwei Nachkommen eines Elternpaares besitzen identische genetische Ausstattungen, trotzdem haben sie viele Gene gemeinsam. Sie sind sich ähnlich, aber nicht gleich. Nur eineiige Zwillinge haben eine völlig identische genetische Ausstattung.

Dieses genetische Grundwissen erlaubt es dem Katzenzüchter, gewisse statistische Voraussagen über die Nachkommen einer bestimmten Verpaarung zu machen.

Wie entstehen männliche und weibliche Nachkommen?

Das in der Tabelle dargestellte Beispiel der Entstehung von männlichen und weiblichen Nachkommen zeigt uns, wie jeder Elternteil ein Chromosom eines Chromosomenpaares – hier der Geschlechtschromosomen (Heterosomen) – über seine Keimzellen an die Nachkommen weitergibt:

- Der **Kater** besitzt die Chromosomen XY und bildet Samenzellen mit X und Samenzellen mit Y
- Die **Kätzin** besitzt die Chromosomen XX und bildet Eizellen mit X

Nach demselben Schema werden auch die anderen Chromosomen (Autosomen) auf die Nachkommen verteilt.

Entstehung männlicher und weiblicher Nachkommen		
Kater Kätzin	X	Y
X	XX weiblich	XY männlich
X	XX weiblich	XY männlich

Chocolategetupfter
Orientalisch-Kurzhaar-
Kater.

Zuchtplanung

Katzenzucht bedeutet nicht, schöne Katzen, die man gerade hat, sich paaren zu lassen, die Jungen großzuziehen und sie dann zu verkaufen. Dazu braucht die Natur uns Menschen nicht.

Rechte Seite: Blaues Jungtier mit schimmerndem Fell.

Züchten bedeutet, von Anfang an eine Auswahl zu treffen, die guten und die weniger guten Punkte gegeneinander abzuwägen und dann Verpaarungen zu planen mit dem Ziel, eine „Verbesserung" der Rasse zu erreichen. Verbesserung ist hier gemeint im Sinne der im Rassestandard vorgegebenen Merkmale. Auf Ausstellungen stellt sich der Züchter der Konkurrenz der anderen Züchter vor erfahrenen Richtern. Er bekommt Anhaltspunkte, mit denen er dann in seiner eigenen Zucht weiterarbeiten kann. Die Richter geben durch ihre Bewertungen das Maß vor – leider oft zu Gunsten äußerlicher Merkmale und zu Ungunsten gesundheitlicher Aspekte. Eine Rasse wird so nicht wirklich verbessert, sondern nur im Erscheinungsbild einem bestimmten Zeitgeschmack angepasst.

Das zeichnet den guten Züchter aus:

- ein guter Blick für die Charakteristika der Rasse wie Vitalität, Wesen und Fellfarben,
- Identifikation der gewünschten Merkmale,
- Beschränkung auf eine überschaubare Anzahl an Auswahlkriterien, Gesundheit und rassetypisches Wesen sollten vor Aussehen stehen.

Ein „Fehler" eines Zuchttieres kann nicht einfach innerhalb einer Generation ausgeglichen werden, indem man einen Partner sucht, der diesen Fehler nicht hat. Erinnern wir uns daran, dass Gene in Einheiten und Gengruppen weitervererbt werden, die sich aber auch unter den Nachkommen zufallsbedingt aufspalten und verteilen können. Es wird klar: wir können ein bestimmtes Merkmal, das wir verändern wollen, nur über mehrere bis viele Generationen durch gezielte Auswahl der Nachkommen und entsprechend gewählten Folgeverpaarungen verbessern.

Kreuzungsanalyse

Wenn sich der Züchter ein bestimmtes Zuchtziel gesteckt und sich Kenntnisse über die Gene erworben hat, um die es ihm geht, kann er sich an die **Kreuzungsanalyse** machen. Sie vemittelt einen statistischen Überblick über die zu erwartenden Ergebnisse einer bestimmten Verpaarung. Kreuzungsanalysen geben immer Auskunft über die Gesamtheit der theoretischen Nachkommen der Verpaarung. Nicht in einem, sondern in mehreren bis vielen Würfen fallen die verschiedenen Mög-

Kreuzungsanalysen mit den Genen für die Fellzeichnung Wildfarbe – Agouti A und Einfarbigkeit – Nicht-Agouti a.

Beispiel 2a*⁾: Einer der Paarungspartner ist mischerbig für Agouti: Kater Aa, produziert Samenzellen mit A und a, Kätzin ist reinerbig Agouti AA, produziert nur Eizellen mit A.

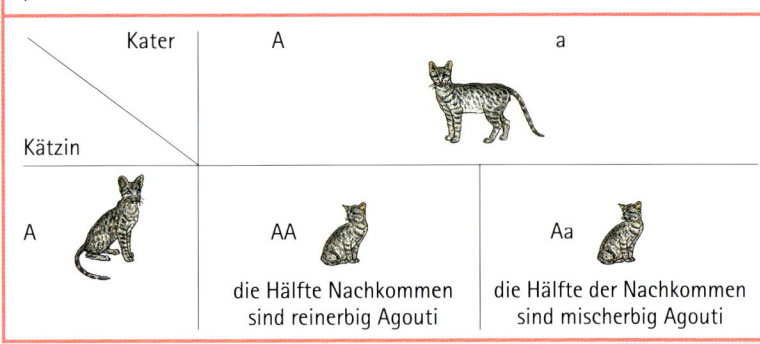

Kater	A	a
Kätzin		
A	AA	Aa
	die Hälfte Nachkommen sind reinerbig Agouti	die Hälfte der Nachkommen sind mischerbig Agouti

*⁾ In beiden Fällen ergeben sich bei umgekehrter Konstellation die gleichen Zahlenverhältnisse

Beispiel 2b*⁾: Kater reinerbig Nicht-Agouti aa, produziert nur Samenzellen mit a, Kätzin reinerbig Agouti AA, produziert nur Eizellen mit A.

Kater	a
Kätzin	
A	Aa
	alle Nachkommen sind mischerbig Agouti

Beispiel 1: Kater reinerbig Agouti AA, produziert nur Samenzellen mit A, Kätzin reinerbig Agouti AA, produziert nur Eizellen mit A.

Kater	A
Kätzin	
A	AA
	alle Nachkommen sind reinerbig Agouti

Beispiel 3: Kater reinerbig Nicht-Agouti aa, produziert nur Samenzellen mit a, Kätzin reinerbig Nicht-Agouti aa, produziert nur Eizellen mit a.

Kater	a
Kätzin	
a	aa
	alle Nachkommen sind reinerbig Nicht-Agouti

Beispiel 4a: Beide Paarungspartner sind mischerbig für Agouti Aa:
Kater Aa, produziert Samenzellen mit A und a, Kätzin Aa, produziert Eizellen mit A und a.

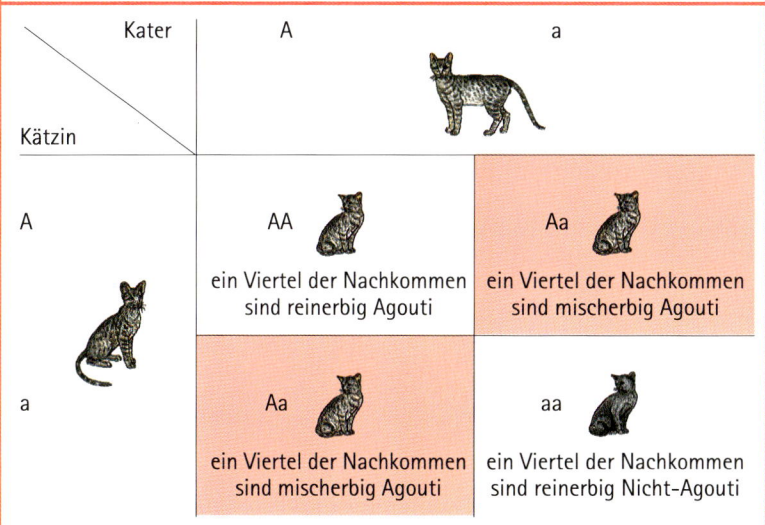

Kater ＼ Kätzin	A	a
A	**AA** ein Viertel der Nachkommen sind reinerbig Agouti	**Aa** ein Viertel der Nachkommen sind mischerbig Agouti
a	**Aa** ein Viertel der Nachkommen sind mischerbig Agouti	**aa** ein Viertel der Nachkommen sind reinerbig Nicht-Agouti

Beispiel 4b: Kater reinerbig Nicht-Agouti aa, produziert nur Samenzellen mit a, Kätzin mischerbig Agouti Aa, produziert Eizellen mit A und a.

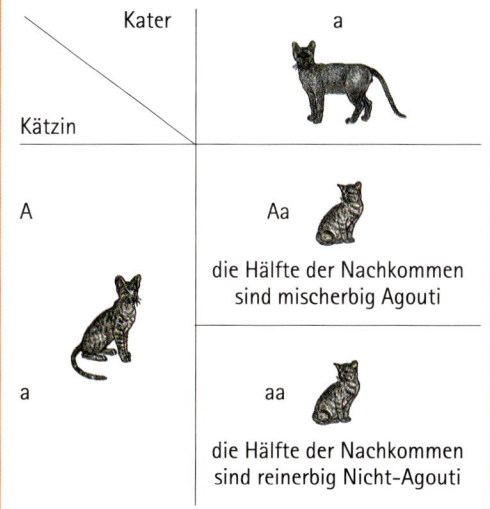

Kater ＼ Kätzin	a
A	**Aa** die Hälfte der Nachkommen sind mischerbig Agouti
a	**aa** die Hälfte der Nachkommen sind reinerbig Nicht-Agouti

Dieses Kreuzungsschema ist ebenso anwendbar, wenn man zwei oder drei Gene zugleich im Vererbungsvorgang berücksichtigen will. Es wird dann wesentlich umfangreicher und komplizierter in der Auswertung, vor allem, wenn sowohl dominante als auch rezessive Gene berücksichtigt werden sollen. In einer Kreuzungsanalyse sollten immer möglichst wenige Gene auf einmal betrachtet werden. Es ist einfacher, mehrere Analysen hintereinander durchzuführen und sich jedesmal nur auf einzelne Gene zu konzentrieren.

▮ Chocolate-Tabby und Cinnamon sind Farbspiele der Natur.

lichkeiten der Genotypkombinationen in einem bestimmten Zahlenverhältnis. Besonders die rezessiven Gene müssen sich nicht unbedingt im ersten Wurf zeigen.

Um mit Sicherheit herauszufinden, ob ein Zuchttier ein bestimmtes rezessives Gen trägt, sollte man eine Testverpaarung mit einem Partner machen, der dieses rezessive Gen reinerbig trägt und es damit auf jeden Fall weitergibt (Beispiele 2b und 4b, S. 80 und 81). Im Kreuzungsschema 2b trägt die Kätzin das rezessive Gen nicht; verpaart mit dem Kater, reinerbig für das Gen, kommen nur mischerbige Jungtiere zur Welt. Im Kreuzungsschema 4b trägt die Kätzin das rezessive Gen; verpaart mit demselben Kater, wirft sie zur Hälfte reinerbig rezessive Jungtiere. Sie haben die Farbe des Vaters.

Die Farbe Blau kommt durch ein rezessives Gen zustande.

Darstellung einer Kreuzungsanalyse als Gitternetztabelle

In der obersten waagrechten Zeile werden die Gene des Katers und in der ersten senkrechten Spalte die Gene der Kätzin eingetragen. Die Genkombinationen der beiden, die dann bei den Nachkommen auftreten, trägt man in die Kästchen ein, die an den Kreuzungspunkten senkrecht unter dem jeweiligen Gen des Katers und waagrecht vom jeweiligen Gen der Kätzin liegen.

Vererbung der Felleigenschaften

Für den Züchter orientalischer Katzen sind die Gene für Farben, Muster und Haarlänge interessant. Die folgenden Tabellen geben eine Übersicht über anerkannten Fellgene der in diesem Buch beschriebenen Rassen.

Gene für Fellfarben, Muster und Haarlänge

Andere Gene, welche Körperform oder erbliche Fehler, beispielsweise falsche Zahnstellung, fehlende Zähne, Silberblick oder Schielen, Knickschwanz und andere körperliche Veränderungen bestimmen, sind für den Züchter ebenso wichtig. Allerdings ist oft wenig darüber bekannt, weil kaum Forschungsergebnisse vorliegen. Dem Züchter bleibt nur die Möglichkeit, durch Beobachtung seiner eigenen und anderer Zuchtergebnisse über diese Vererbungsmechanismen Klarheit zu gewinnen, damit er in der eigenen Zuchtpraxis die Weitergabe dieser Erbfehler weitgehend ausschließen kann.

Genotypen der möglichen Farbkombinationen

Um für Kreuzungsanalysen gerüstet zu sein, sind in den folgenden Tabellen die Genotypen der möglichen Farben aufgelistet. Alle Farben können auch mit Rot (in der Verdünnung Creme) kombiniert

Red-Tabby-Point-Balinese.

sein, entspechend dem Vererbungsmechanismus des Gens O. Alle Tabby-Farben kommen entsprechend der Self-Farben vor und sind in den Tabellen dargestellt. Golden Tabbies, die aus Silbertabby-Verpaarungen entstehen können, sowie Shaded Silver wurden hier nicht gesondert aufgeführt. Darüber kann in der im Anhang angegebenen Literatur nachgelesen werden. Die Zucht der Farben mit Scheckung ist möglich, wurde auch schon durchgeführt.

Geschlechtsgebundene Vererbung von Rot

Das Gen für Rot (O) liegt auf dem X-Chromosom, von dem die Kätzin zwei, der Kater eins besitzt. Je nachdem welcher Elternteil Rot trägt, müssen wir mit verschiedenen Ergebnissen bei der Verpaarung rechnen. Die Möglichkeiten sind in der folgenden Tabelle dargestellt.

In Verbindung mit der roten Fellfärbung muss erwähnt werden, dass das Nicht-Agouti-Gen a **nicht** auf das rote Pigment im Haar unterdrückend wirkt, so dass bei roten Tieren immer eine mehr oder weniger starke Tabbyzeichnung zu sehen ist. Bei roten oder cremefarbenen Katzen ist es deshalb schwer, Agouti- von Nicht-Agouti-Tieren zu

	Fellgene der Siam und Orientalen, Balinesen und Javanesen/Mandarin	
Symbol	Name	Beschreibung
A	Agouti	Wildfarbe Tabby, einzelne Haare gebändert schwarz und gelbl.-braun
a	Nicht-agouti	einfarbig, Haare nicht gebändert
B	Schwarz	schwarzes Pigment (Melanin)
b	Braun	veränderte Verteilung des schwarzen Pigments im Haar führt zu brauner Farbe
b^l	Cinnamon	Verteilung des Pigments im Haar ähnlich wie bei Braun, jedoch noch heller, milchschokoladenfarben
C	Vollfarbe	maximale Pigmentierung
c^s	Maskenzeichnung	dunkler pigmentiertes Fell an Extremitäten, Gesicht und Schwanz
D	dichte Pigmentierung	Pigmentkörner im Haar dicht gepackt
d	verdünnte Pigmentierung	Pigmentkörner im Haar verdünnt, z.B. Schwarz zu Blau
I	Inhibitor	unterdrückt Pigment in Bereichen des Haars, Silber
i	normale Pigmentierung	volle Entwicklung der Pigmentierung im Haar
O	Rot	wandelt schwarzes Pigment in rotes um, wird geschlechtsgebunden vererbt
o	normale Farbe	normale Pigmentierung, kein Rot
T	Mackerel	Tabbymuster gestreift
T^a	Ticking	Tabbymuster Abessinier-Ticking
t^b	Blotched	Tabbymuster gestromt, Räderzeichnung, Classic
W	Dominant Weiß	weißes Fell, Iris siam-blau bei Foreign White und grün bei Orientalisch Kurzhaar und Langhaar, maskiert alle anderen Farben, kann zu Taubheit führen, wenn c^s nicht vorliegt
w	normale Farbe	volle Ausprägung aller anderen Farbgene
S	Scheckung	variable weiße Flecken im Fell
s	normale Farbe	keine weißen Flecken
L	Kurzhaar	normal kurze Haarlänge
l	langes Haar	Haare sind länger als normal

84

Genotypen der Tabby-Farben	
A-B-C-D-	black tabby
A-B-c^{s}c^{s}D-	seal tabby point
A-B-C-dd	blue tabby
A-B-c^{s}c^{s}dd	blue tabby point
A-bbC-D-	chocolate tabby
A-bbc^{s}c^{s}D-	chocolate tabby point
A-b^{l}b^l C-D-	cinnamon tabby
A-b^{l}b^{l}c^{s}c^{s}D	cinnamon tabby point
A-bbC-dd	lavender tabby
A-bbc^{s}c^{s}dd	lavender tabby point
A-b^{l}b^{l}C-dd	fawn tabby
A-b^{l}b^{l}c^{s}c^{s}dd	fawn tabby point
A-B-C-D-O(O), A-bb-C-D-O(O), A-b^{l}b^{l}C-D-O(O)	red tabby, red tortie tabby
A-B-c^{s}c^{s}D-O(O), A-bbc^{s}c^{s}D-O(O), A-b^{l}b^{l}c^{s}c^{s}D-O(O)	red tabby point, red tortie tabby point
A-B-C-ddO(O), A-bbC-ddO(O), A-b^{l}b^{l}C-ddO(O)	creme tabby, creme tortie tabby
A-B-c^{s}c^{s}ddO(O), A-bbc^{s}c^{s}ddO(O), A-b^{l}b^{l}c^{s}c^{s}ddO(O)	creme tabby point, creme tortie tabby point

Genotypen der Self-Farben	
aaB-C-D-	black, ebony
aaB-c^{s}c^{s}D-	seal point
aaB-C-dd	blue
aaB-c^{s}c^{s}dd	blue point
aabbC-D-	chocolate
aabbc^{s}c^{s}D-	chocolate point
aab^{l}b^{l}C-D-	cinnamon
aab^{l}b^{l}c^{s}c^{s}D-	cinnamon point
aabbC-dd	lavender
aabbc^{s}c^{s}dd	lavender point
aab^{l}b^{l}C-dd	fawn
aab^{l}b^{l}c^{s}c^{s}dd	fawn point
aaB-C-D-O(O), aabb-C-D-O(O), aab^{l}b^{l}C-D-O(O)	red , red tortie
aaB-c^{s}c^{s}D-O(O), aabbc^{s}c^{s}D-O(O), aab^{l}b^{l}c^{s}c^{s}D-O(O)	red point, red tortie point
aaB-C-ddO(O), aabbC-ddO(O), aab^{l}b^{l}C-ddO(O)	creme, creme tortie
aaB-c^{s}c^{s}ddO(O), aabbc^{s}c^{s}ddO(O), aab^{l}b^{l}c^{s}c^{s}ddO(O)	creme point, creme tortie point

Weitere Kombinationsmöglichkeiten

Gen	Bezeichnung
ll	Langhaar, entsprechend Balinesen, Javanesen/Mandarin
W-	dominant Weiß, entsprechend Siam Foreign White und Bali Foreign White, Orientalisch Kurzhaar und Javanese Foreign White
I-	Inhibitor, entsprechend Silbertabbies und Smokes, silber tabby point und smoke point

Muster bei Tabby

A-Ta-	geticktes Tabby
A-T-	mackerel Tabby
A-tbtb	blotched (classic) Tabby
A- ?	spotted Tabby

Erklärung für die drei Tabellen:
Bei den Allelen, die nur einmal mit Bindestrich in der Tabelle aufgeführt sind, kann anstelle des Bindestrichs jeweils das dominate oder das rezessive Allel eingesetzt werden, je nachdem ob das Tier reinerbig oder mischerbig für dieses Allel ist.

Schildpatt oder Tortie kommt nur bei weiblichen Katzen vor.

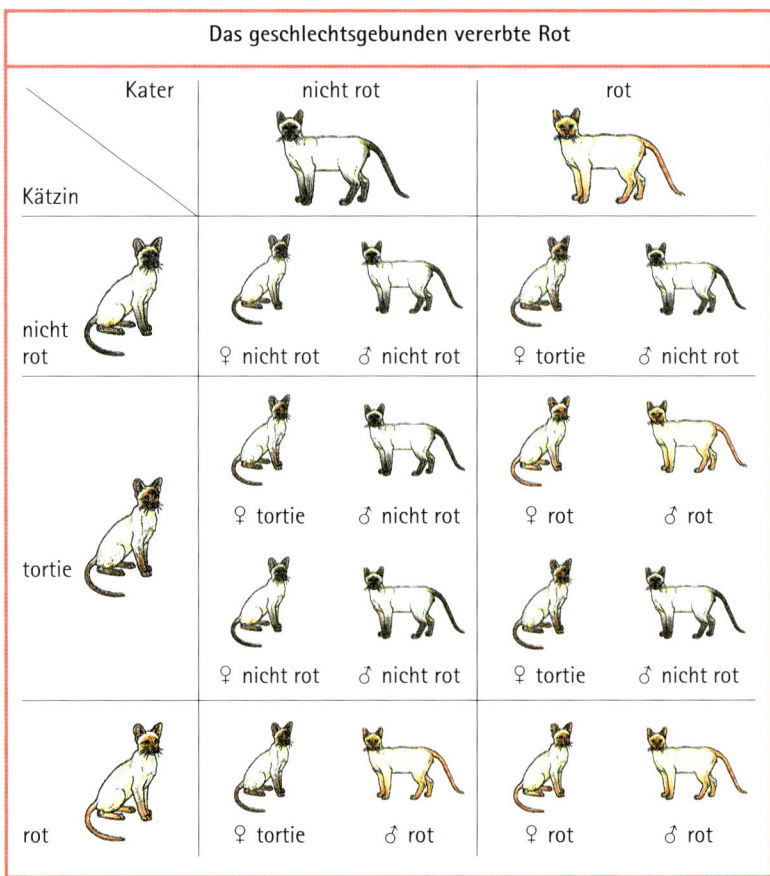

Das geschlechtsgebunden vererbte Rot				
Kater / Kätzin	nicht rot		rot	
nicht rot	♀ nicht rot	♂ nicht rot	♀ tortie	♂ nicht rot
tortie	♀ tortie	♂ nicht rot	♀ rot	♂ rot
	♀ nicht rot	♂ nicht rot	♀ tortie	♂ nicht rot
rot	♀ tortie	♂ rot	♀ rot	♂ rot

unterscheiden. Die Nicht-Agouti-Katzen, bei denen das Tᵃ (geticktes Tabby) zugrunde liegt, zeigen am wenigsten Zeichnung.

Sonderfall Weiß

Bei völlig weißen Katzen kann gelegentlich ein- oder beidseitige Taubheit auftreten. Man ist sich von wissenschaftlicher Seite über die genaue Entstehung und Vererbung dieser frühembryonalen Entwicklungsstörung im Innenohr im Zusammenhang mit der Farbe noch nicht im Klaren. Den Züchtern werden deshalb sinnvolle, vorsorgliche Vorschriften gemacht: Weiß-mit-Weiß-Verpaarungen sind verboten, eine Verpaarung von Scheckung mit Weiß ist nicht zu empfehlen. Es gibt ungesicherte Hinweise, dass ein Zusammenhang bestehen könnte zwischen dem Auftreten von Taubheit bei weißen Katzen, wenn beide Gene, Weiß und Scheckung, vorliegen. Das ist bei Orientalen bis jetzt praktisch noch nicht der Fall. Wichtig dabei ist dennoch, dass keine Reinerbigkeit für eines der beiden oder gar beide Gene innerhalb der Nachkommenschaft auftreten soll. Das erfordert einiges Geschick und Wissen des Züchters. Sicherheitshalber wird bei der Zucht mit weißen Katzen ein Hörfähigkeitstest (Audiometrie) für die jeweiligen Elterntiere vorgeschrieben.

Foreign-White-Katzenkind probt den Angriff.

Die Siam-Foreign-White und Balinese-Foreign-White bilden eine Ausnahme in der Gruppe der völlig weißen Katzen, denn sie sind genetisch Siamkatzen. Das Blau der Augen kommt durch das Maskengen c^s und nicht durch das Gen W zustande. Die Foreign White wurden in England ganz gezielt gezüchtet, um blauäugige, weiße Katzen ohne das Risiko eines Gehörschadens zu erhalten. Solange die orientalische Variante, die grünäugige Foreign White, das Maskengen mischerbig trägt, bleibt auch sie von der Gefahr der Taubheit verschont.

Die Farben der orientalischen Katzen

Wohl kaum eine andere Katzenrasse hat sich in ihrer Farbpalette so erweitert wie die Siamkatzen und all ihre Abkömmlinge. Den ursprünglichen klassischen Farben Seal, Chocolate, Blue und Lilac Point folgten Red Point und Ende der fünfziger Jahre in Holland durch Einkreuzung von Abessiniern die korrespondierenden Tabby Points. Über die Abessinier gelangte auch das Gen b^l, Sorrel oder Cinnamon, in die Schlankformkatzen. 1958 züchtete Pat Turner, die dann 1965 auch die Foreign White entwickelte, in England die erste einfarbige Siam in Chocolate Brown: die Havana war geboren. Es folgten Foreign Black, Foreign Blue und Foreign Lilac, wie die Bezeichnungen in England auch heute noch lauten. Wieder waren es Pat Turner und der maßgebende Katzengenetiker Roy Robinson, die die Zucht von Silbertabbies und Smokes einleiteten. Auch in Deutschland hat Gregor von Martin etwa zur gleichen Zeit Silbertabby-Orientalen gezüchtet. Alle europäischen Silber-Orientalen gehen zurück auf diese beiden Ausgangspunkte, die Zwinger „Scintilla" in England und „vom Türkenhof" in Deutschland. Viele der amerikanischen Züchtungen stammen ebenfalls aus der Scintilla-Linie. Es ist nur eine Frage der Zeit, wann all diese Farben, auch bei den halblanghaarigen Balinesen und Javanesen/Mandarin zu sehen sein werden.

89

Katzenausstellung

Auf den Katzenausstellungen werden weltweit und rund ums Jahr Rassekatzen von ausgebildeten Richtern nach vorgegebenen Rassestandards beurteilt und bewertet. Das ist besonders wichtig für Züchter und Zuchtinteressierte. Zum Anderen aber hat ein breites Publikum auf Katzenausstellungen die Möglichkeit, viele unterschiedliche Rassekatzen zu sehen und sich über ihre Eigenschaften als Haustiere bei Züchtern und Liebhabern zu informieren.

Teilnahme mit der eigenen Katze

Wenn man seine Katze ausstellen möchte, geht man am besten einmal ohne Katze als Besucher auf eine Ausstellung in der Nähe. Dort und in Spezialmagazinen erhält man Informationen über Termine, Vereine, Adressen und Meldebedingungen der Veranstalter. Die erste Voraussetzung für die Teilnahme an einer Ausstellung mit der eigenen Katze ist der gültige Stammbaum eines eingetragenen Katzenzuchtvereines.

TIPP
Mindestens 5 Wochen vor dem Termin sollte man beim Veranstalter die Meldeunterlagen anfordern. Mit der Anmeldung zu einer Ausstellung wird die Meldegebühr fällig. Bis zur Ausstellung bleibt dann genügend Zeit, alle Vorbereitungen zu treffen.

Vorbereitung der Katze

Eine Katze, die ausgestellt werden soll, muss in allerbester körperlicher Verfassung sein. Sie sollte in jeder Hinsicht gesund sein, ein glänzendes, anliegendes Fell haben und vom Wesen her vollkommen ausgeglichen und gelassen sein. Dann kann sie den Reise- und Ausstellungsstress gut bewältigen.

Beginnen Sie schon Wochen vor der Ausstellung damit, das **Fell** besonders zu **pflegen**. Bürsten und Abreiben mit einem Wildledertuch entfernt lose Haare und fördert die Durchblutung der Haut. Fettige Stellen im Fell lassen sich durch Einmassieren von im Backofen gewärmter Weizenkleie und anschließendem guten Ausbürsten beheben. Besonders die dunkelfarbigen Orientalen und Javanesen werden dadurch sehr schön. Helle Katzen, auch die Foreign White, können mit ganz mildem Shampoo gebadet, dann gut getrocknet und danach mit

Babypuder behandelt werden. Der Puder muss wieder gründlich aus-
gebürstet werden.

Für den Tag der Ausstellung müssen die **Impfungen** gegen Tollwut,
Katzenseuche und Katzenschnupfen auf dem neuesten Stand sein, also
nicht länger als ein Jahr und nicht weniger als 30 Tage zurückliegen.
Eine Leucose-Impfung ist sinnvoll für Tiere, die ausgestellt werden.
Zusätzliche Vitamingaben und pflanzliche Mittel zur Steigerung der
Abwehrkräfte, etwa eine Woche vor der Ausstellung gegeben, helfen
der Katze, den Stress besser zu bewältigen.

Verzichten Sie auf „Abmagerungskuren"! Orientalische Katzen sollen schlank und muskulös sein, aber nicht mager. Wenn Sie finden,
dass ihre Katze dicklich ist, dann bringen Sie sie in Bewegung!
Wecken sie ihre Spielleidenschaft, aber reduzieren Sie nicht das Futter,
denn das kann, wenn es schnell und nicht sachgemäß durchgeführt
wird, zu irreparablen Gesundheitsschäden führen. Am besten kümmert
man sich immer um eine gute Kondition seiner Katze und nicht erst
kurz vor einer Ausstellung!

Es versteht sich von selbst, dass ihre Katzenschönheit keinerlei
Ungeziefer hat.

Auf Ausstellungen
können erfolgreiche
Katzen Pokale gewinnen.

91

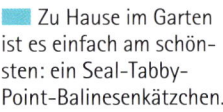 Zu Hause im Garten ist es einfach am schönsten: ein Seal-Tabby-Point-Balinesenkätzchen.

So seltsam es klingen mag: bereiten Sie ihr Prachtstück auch mental auf den großen Tag vor. Das ist durchaus nicht abwegig, sondern gerade bei den kommunikativen, menschenbezogenen orientalischen Katzen von Vorteil. Lange vor der Ausstellung sollten Sie anfangen, sich besonders viel mit ihr beschäftigen. Durch Spiele mit viel Körperkontakt und Tragen hoch über dem Kopf, auch von verschiedenen Personen, gewöhnen Sie ihr zukünftiges Ausstellungstier in Ruhe und auf liebkosende Weise an die „Behandlung" eines geübten Richters. Orientalische Katzen lernen schnell und mit Spaß. Sind ihrem Zimmerpanther diese Dinge bereits vertraut, wird er auf der Ausstellung gelassener reagieren.

Die Katzenausstellung ist Zuchtschau und Schönheitswettbewerb zugleich. Stellen Sie ihre Katze nur aus, wenn sie sich in ausgezeichneter gesundheitlicher Verfassung befindet und ein ausgeglichenes, gelassenes Wesen besitzt.

Das „Strecken" allerdings, das von erfahrenen Richtern auf der Ausstellung als Präsentation zur Unterstreichung der Eleganz vorgeführt wird, muss dem Tier geduldig und spielerisch anerzogen werden. Nur der wirklich kundige Züchter sollte dies tun. Eine Katze lässt sich nur „strecken", wenn sie völlig entspannt und vertrauensvoll ist. Ist das Tier ängstlich und angespannt, verursacht ihm das Strecken Schmerzen. Jungtiere unter einem halben Jahr dürfen aufgrund ihres unausgereiften Skelett- und Muskelapparates überhaupt nicht gestreckt werden. Dennoch sieht man das leider nach wie vor auf Ausstellungen – eine Praxis, die nicht zu rechtfertigen ist.

Vorbereiten der Ausstellungsutensilien

Schon am Abend vor der Ausstellung packen Sie alles zusammen, was Sie brauchen. Das sind eine **Vorhanggarnitur** für den Ausstellungskäfig, der etwa 70 × 70 × 70 cm misst, dazu einen farblich passenden **Bodenbelag** der entsprechenden Größe, eine kleine **Ausstellungstoilette**, eine Decke, Kissen oder Körbchen als **kuscheligen Liegeplatz, Futter- und Wassergeschirr**. Vergessen Sie nicht **Streu, Futter, Kamm, Bürste** und ein **Lieblingsspielzeug**. Auf den Austellungen gibt es all diese Untensilien meist zu kaufen, aber verlassen Sie sich nicht darauf! Bringen Sie diese Dinge lieber selbst mit.

Nicht vergessen:
● Futter-und Wasserschüssel
● Ausstellungstoilette
● Streu
● Kamm
● Bürste
● Spielzeug
● Vorhang für Käfig

Der große Tag

Am Ort der Ausstellung müssen Sie mit ihrer Katze als erstes die **tierärztliche Kontrolle** passieren. Sie brauchen dazu die **Meldebestätigung** für die Ausstellung und den gültigen **Impfpass**. Anschließend richten Sie ihren Käfig ein und machen es ihrer Katze so bequem wie möglich. Der Tag wird für alle Teilnehmer, Katzen wie Menschen, spannend und anstrengend.

Aus dem Ausstellungskatalog können Sie entnehmen, bei welchem Richter Sie ihre Katze vorstellen müssen und auch, wann Sie an der Reihe sind. Es ist immer auch lohnenswert und aufschlussreich, den verschiedenen Richtern bei der Arbeit zuzusehen. Oft erklären sie den Zuschauern, worauf geachtet wird. Auf den meisten Ausstellungen geht man mit seiner eigenen Katze mehr als einmal zum Richter – vielleicht, weil er sie für die Qualifikation zum Rassesieger oder gar zur Teilnahme an der Auswahl zur „Best in Show" (Ausstellungssieger) nochmals sehen möchte.

Wenn der Tag sehr erfolgreich verläuft, wird die Katze bei der Siegerehrung gegen Ende der Ausstellung auf der Bühne dem Publikum vorgestellt. Auch wenn es keine Auszeichnungen gibt, braucht man nicht allzu enttäuscht sein. Beim nächsten Anlauf sieht alles ganz anders aus – andere Richter, andere Konkurrenz – und spannend ist es immer.

Außerdem hat man auf der Katzenschau als Aussteller und Besucher Gelegenheit, viele Kontakte zu knüpfen. Haben Sie selbst Jungtiere zu verkaufen, so können Sie sich mit Interessenten darüber unterhalten und Auskunft geben. Zugleich erfährt man manche interessanten und neuen Dinge rund um die Katze.

Vereine, Adressen, Literatur

Dachorganisationen der Zuchtvereine

The Governing Council
of the Cat Fancy (GCCF)
4-6, Penel Orlieu, Bridgewater,
Somerset
TA6 3PG, England
Tel. 0278-427575

World Cat Federation (WCF)
Hubertstr. 280
45307 Essen, Deutschland
Tel. 0201-550755 oder 555724

Fédération Internationale Féline
(FIFe)
H.G. Scholer, FiFe-Trésorier
Van Eycklei 10/7, 2018 Antwerpen,
Belgien

The Cat Fanciers' Association Inc.
(CFA)
1805 Atlantic Avenue,
P.O. Box 1005
Manasquan, New Jersey, USA
Tel. 001-908-5289797

International Cat Federation (ICF)
Sekretariat
Ostheimerstraße 4
63452 Hanau, Deutschland
Tel. und Fax 06181-81414

Katzenzuchtvereine

Für Deutschland, Österreich und die
Schweiz sind die Adressen der jeweiligen angeschlossenen Vereine bei
den Dachorganisationen zu erhalten.

Literatur

Bücher

Evans, M.: Katzenkinder aufziehen.
 Verlag E. Ulmer, Stuttgart 1997.
Harris, S. (Hrsg.): Katzenrassen.
 Naturbuch Verlag, Augsburg 1995.
Herrscher, R. und H. Theilig: Der
 Kosmos-Katzenführer. Kosmos
 Verlag, Stuttgart 1994.
Marshall Thomas E.: The Tribe of
 Tiger. Weidenfeld & Nicolson,
 London 1994.
Leyhausen, P.: Katzenseele. Kosmos
 Verlag, Stuttgart 1996.
Norten, E. und J. Pütz: Das Hobby-
 thek-Katzenbuch. VGS Verlags-
 gesellschaft, Köln 1997.
Robinson, R.: Genetics for Cat
 Breeders. Butterworth-Heinemann,
 Oxford 1991, 3. Auflage.
Tabor, R.: The Rise of the Cat.
 BBC Books, London 1991.
Tabor, R.: Understanding Cats. David
 & Charles, Newton Abbot 1995.
Thies, D.: Rassekatzen züchten.
 Kosmos Verlag, Stuttgart 1997.
Wolff, R.: Katzen. Verlag
 E. Ulmer, Stuttgart 1984.

Zeitschriften

Katzen extra. Symposion Tierzeit-
 schriften Verlag, Stuttgart.
Geliebte Katze. Gong-Verlag GmbH,
 Nürnberg.
Vereinszeitschriften der Katzenzucht-
 vereine.

Bildquellen

Doss, B., Kuppingen: Seite 20
Elsner/Schulzki, Bergisch Gladbach: Seite 7, 55, 69
Götz, E. M., Stuttgart: Seite 8, 23, 45, 73, 83
Juniors/B. Spreckels: Seite 89
Klein, J. L./Hubert, M. L., Lupstein (Frankreich):
Seite 6, 13, 17, 52, 67, 68, 76/77, 79, 82, 86/87, 91
Kuhn, R., Stuttgart: Seite 2, 3, 4, 6, 12, 15, 16, 26,
31, 33, 35, 38, 39, 40, 43, 47, 48, 51, 53, 57, 60,
62 unten, 92
Reichert, K., Ummendorf: Seite 41, 44
Reiter, W., Illerkirchberg: Seite 5
Schanz, U., München: Seite 21, 75
Westrich, J. Essen: Seite 1, 29
Wolf, G., Ingelheim: Seite 42

Sämtliche Zeichnungen fertigte Christiane
Gottschlich, Berlin, nach Vorlagen der
Verfasserinnen.

Die Deutsche Bibliothek –
CIP-Einheitsaufnahme

Wolf, Gesine:
Siam & Co.: orientalische Katzen / Gesine Wolf ;
Eva-Maria Götz, – Stuttgart (Hohenheim) :
Ulmer, 1999
  ISBN 3-8001-7441-3

Das Werk einschließlich aller seiner Teile ist
urheberrechtlich geschützt. Jede Verwertung
außerhalb der engen Grenzen des Urheberrechts-
gesetzes ist ohne Zustimmung des Verlages unzu-
lässig und strafbar. Das gilt insbesondere für
Vervielfältigungen, Übersetzungen, Mikroverfil-
mungen und die Einspeicherung und Verarbeitung
in elektronischen Systemen.

© 1999 Verlag Eugen Ulmer GmbH & Co.
Wollgrasweg 41,
70599 Stuttgart (Hohenheim)
Printed in Germany
Lektorat: Dr. Nadja Kneissler
Herstellung, Layout & DTP: Ulla Stammel
Druck und Bindung: Georg Appl, Wemding

Danksagung

*In Erinnerung an Janni, meinen Havana-Kater aus Irland, der während der
Arbeit an diesem Buch seine alten Tage verträumte – umgeben von Nachkommen bis zur achten Generation – und über vierzehnjährig starb. Cheerio,
dear old lad! You were very special.*

*Allen, die auf irgendeine Weise, oft ohne es zu wissen, an diesem Buch mitge-
wirkt haben, ein großes Dankeschön: unserer Lektorin Dr. Nadja Kneissler für
fachliche Begleitung und Geduld, den Fotografen und der
Zeichnerin für ihre einfühlsame Art, die Tiere darzustellen.
Alle Katzenmodels, vor allem Orplid's Popov und seine
Geschwister zeigten viel Talent im Fotostudio, ihnen und
ihren Besitzern vielen Dank.*

Register